altamarea

Primera edición en esta colección: julio de 2025
Título original: *Born on the Fourth of July*

altamarea.es
altamarea@altamarea.es

Diseño de la colección: Sara Maroto Hebrero
Corrección: Luciano Páez y Gabriel Delgado González
Maquetación: María Pérez Balteira

ISBN: 978-84-10435-10-0
DL: M-821-2025

Impreso por KS Printing en febrero de 2025

RON
KOVIC

Nacido el 4 de julio

BARLOVENTO

BRUCE SPRINGSTEEN*

Presentación

Era 1978, y recorría el país en coche con un amigo cuando nos detuvimos en la tienda de un pequeño pueblo. Allí, en una estantería, encontré un libro titulado *Nacido el 4 de julio,* de Ron Kovic. Lo devoré camino a Los Ángeles, atrapado por el implacable poder que desprendía, y todavía estaba bajo su hechizo cuando llegamos al hotel Sunset Marquis, un refugio de rockeros en Alta Loma Road.

Pocos días después vi a un joven en silla de ruedas sentado al lado de la piscina. Una tarde se me acercó y me dijo:

—Hola, me llamo Ron Kovic. He escrito un libro, se titula *Nacido el 4 de julio.*

No podía creerlo. Le dije que acababa de leer su libro y que me parecía uno de los más potentes que había leído en toda mi vida. Hablamos sobre la difícil situación de los veteranos de Vietnam que habían regresado a Estados Unidos y se ofreció a acompañarme al club de veteranos de Venice.

* Bruce Springsteen (Nueva Jersey, 1949) es autor de algunas de las canciones más celebradas de la historia de la música popular contemporánea. Uno de sus mayores éxitos, *Born in the USA* (1984), publicado en el álbum homónimo, es una crítica a la actuación de Estados Unidos durante la guerra de Vietnam y una denuncia del trato dado a los veteranos a su regreso al país.

Al cabo de unos días viajamos juntos hasta allí, donde conocí a muchos jóvenes que debían lidiar con los problemas que se les presentaban tras volver a casa. Fue una experiencia inolvidable que me hizo interesarme más por aquellos muchachos, lo que nos llevó a dar un concierto en apoyo de los veteranos de Vietnam en el Memorial Sports Arena de Los Ángeles en agosto de 1981. El libro de Ron, su pasión y su amistad han permanecido conmigo hasta hoy.

Aquí tienes *Nacido el 4 de julio.* Léelo y disfruta; léelo y llora.

BRUCE SPRINGSTEEN

Introducción del autor a la edición de 2005

El pasado septiembre se cumplieron exactamente cuarenta años desde que dejé mi casa en Massapequa, Nueva York, para unirme al Cuerpo de Marines de Estados Unidos y empecé un viaje extraordinario que iba a llevarme hasta una guerra desastrosa que cambiaría mi vida —y la de mucha gente de mi generación— profundamente y para siempre. Hay momentos en la vida de las personas y los países en los que cruzamos ciertos umbrales y luego no hay vuelta atrás, no hay retorno a la inocencia de otro tiempo; el cambio es total e incompatible con lo anterior. A menudo sentimos cuándo llegan esos momentos. Sé lo que hice aquel día. Aún recuerdo salir de casa por la mañana; despedirme de mi madre; recuerdo a mi padre, que me llevó en coche hasta la estación de ferrocarril de Long Island y que solo intercambiamos unas pocas palabras (papá siempre fue así); luego, recuerdo el largo y contemplativo viaje hasta la ciudad, jurar en Whitehall Street: levantar la mano derecha con orgullo y, como los demás jóvenes, prestar el juramento del alistamiento, jurar lealtad a la Constitución de Estados Unidos.

Fue el 2 de septiembre de 1964; ha pasado una vida. Aquella última mañana soleada y hermosa iba a ser en la que todo iba a cambiar para siempre, el último momento de alegre inocencia y juventud, de Massapequa y del patio trasero de casa antes del desastre, el caos y el diluvio. Acababa de cumplir dieciocho años en verano y conservo algunas fotografías mías antiguas en blanco y negro de aquellos días. Es sorprendente que todavía las tenga, más si consideramos que las he extraviado muchas veces a lo largo de los años, que las creí perdidas para siempre antes de encontrarlas en algún lugar inesperado, como un sueño profundamente perturbador que hubiese tratado de reprimir. Recuerdo haber visto esas fotos en varias ocasiones después de volver de Vietnam y, cada vez que lo hacía, tener pesadillas después porque me provocaban una impresión terrible. No podía mirarlas, no podía enfrentarme al joven que había sido yo antes de la guerra y de la herida. Siempre me prometí no volver a mirarlas. Mi trauma era aún muy profundo, y aquel hermoso joven, aquel cuerpo, había sido destruido, profanado y masacrado. Las heridas que sufrí en Vietnam, tanto física como emocionalmente, me persiguieron, me obsesionaron y amenazaron con ser superiores a mis fuerzas.

Escribí *Nacido el 4 de julio* en el otoño de 1974 en un mes, tres semanas y dos días, en una máquina de escribir manual que había comprado por cuarenta y dos dólares en Sears & Roebuck, en Santa Mónica, California. Fue como una explosión, un dique que se rompe completamente; todo fluyó maravillosamente, no dejó de fluir, casi sin esfuerzo, apasionada, desesperadamente. Trabajé con intensidad y furia como si fuera mi última voluntad y mi testamento, y en muchos sentidos tuve la sensación de que lo eran. Tenía pesadillas, constantes ataques de ansiedad, fuertes palpitaciones y una potente sensación, casi obsesiva, de que no viviría más allá de los treinta años. Vivía cada día como si fuera el último, como si la guerra lo hubiera comprimido todo y ahora contase cada segundo.

Escribía por las noches, los siete días de la semana, a un espacio, sin párrafos ni sangrados, por las dos caras, y golpeaba las teclas con tanta fuerza que me dolían los dedos. No podía dejar de escribir y recuerdo sentirme más vivo que nunca. Estaba convencido de que estaba destinado a morir joven y luché por dejar algo significativo, por salir de la oscuridad y la desesperación.

Quería que la gente lo supiera. Quería compartir con ellos de la manera más desnuda, abierta e íntima posible lo que había pasado, lo que había soportado. Quería que supieran lo que realmente significaba ir a la guerra: que te disparen, ser herido, debatirse entre la vida y la muerte en la sala de cuidados intensivos, no el mito en el que creíamos mientras nos hacíamos mayores. Quería que la gente supiera de los hospitales y de las salas de enemas; que supiera por qué me había opuesto a la guerra, por qué me había comprometido cada vez más con la paz y la no violencia. La policía me golpeó y arrestó doce veces por manifestarme en contra de la guerra, y pasé muchas noches en la cárcel, en la silla de ruedas. Me llamaron comunista y traidor simplemente por intentar decir la verdad sobre lo que había sucedido en aquella guerra, pero no me dejé intimidar.

Me encantaba la noche y escribía durante horas como si no pasara el tiempo. Estaba exhausto y me dolía la espalda, pero nada de eso parecía importar. Me sentía de maravilla, cansado, pero completamente absorto por la escritura. Bebía un par de tazas de café y luego, con una nueva dosis de energía, trabajaba durante aproximadamente una hora más mientras las luces del amanecer empezaban a inundar la habitación. Apilaba con cuidado las páginas junto a la máquina de escribir después de sopesarlas orgullosamente con las manos; luego, me iba a la habitación, me bajaba de la silla de ruedas y me sentaba en un colchón en el suelo. Recuerdo que una mañana pensé que, si moría mientras dormía, alguien entraría en el apartamento y encontraría esas páginas junto a la máquina de escribir y sabría que yo no era una víctima, sino alguien que había estado tratando de superar una tragedia y la terrible injusticia de aquella guerra.

Con la excepción del empuje inicial que me llevó a escribir de esta forma, y el raro tiempo de estabilidad en Santa Mónica en el otoño de 1974, me sentía extraordinariamente inquieto por aquel entonces, iba frenéticamente de un lugar a otro, vivía al límite; tomaba taxis a toda prisa hacia el aeropuerto, volaba de una ciudad a otra gracias a mi pensión mensual; aparecía de repente en casa de algún amigo en mitad de la noche y dormía en el sofá, siempre con el manuscrito a mi lado y siempre asustado, con la desesperada necesidad de escapar de los demonios que se habían instalado en mi mente.

Durante el año y medio siguiente escribí varios capítulos adicionales de *Nacido el 4 de julio*. Algunas de las historias se las había contado a mi madre cuando volví a casa por primera vez del hospital y me acostaba en el sofá del salón cuando no podía dormir, lo que ocurría a menudo en aquella época. Noche tras noche repetía la historia de cómo me hirieron aquel día en Vietnam, y describía todos los detalles. Mi querida madre se sentaba pacientemente en la silla y escuchaba a su hijo, que había regresado a casa paralítico por culpa de la guerra, y hacía todo lo posible por comprender lo que aquel le explicaba.

Intenté escribir en casa de mis amigos Skip y Ginny en Mohegan Lake, en el cuarto de la lavadora, pero la cosa no arrancaba. Escribí la mayor parte del capítulo sobre mi infancia en un pequeño hotel no lejos de Sproul Plaza en Berkeley, y el capítulo del asalto a la aldea, el más doloroso —pero uno de los mejores—, en el apartamento de Connie en Los Ángeles. Escribí el capítulo del Día de los Caídos una tarde en San Francisco, en el hotel Sam Wong de Broadway, al final de la calle del Enricos Café en North Beach. Recuerdo todavía abierta la ventana de la habitación del hotel y el ruido de los coches y los camiones que pasaban por la calle, el humo, las bocinas, pero aquel acabó siendo un capítulo muy hermoso, y aún hoy lo disfruto cuando lo leo.

Le dicté la primera página del primer capítulo a mi amigo Roger en el hotel Chateau Marmont de Hollywood, y el resto del capítulo en Mendocino, donde él y Mary vivían en aquel entonces. Había conducido hasta allí en un coche usado que acababa de comprar en Los Ángeles y que luego abandoné en la entrada de casa de mis amigos. Estaba en medio del bosque, un sitio tranquilo y pacífico, muy diferente a la guerra, a los hospitales y a todo lo que había pasado. Había aire fresco y un estanque detrás de la cabaña, y allí le dictaba a Roger, y recuerdo sentirme exhausto cuando me ayudó a levantarme y me cogió en brazos, y empezar a llorar entre tanta quietud.

Fue un parto doloroso, pero hermoso.

Estoy extraordinariamente agradecido a Akashic Books y a su editor, Johnny Temple, por publicar esta nueva edición de *Nacido el 4 de julio* en un momento tan crucial en la historia de nuestro país. Durante los últimos dos años hemos estado involucrados en una guerra trágica y sin sentido en Irak. Cuando escribo esta introducción, más de mil quinientos estadounidenses han muerto y más de once mil han resultado heridos; a la vez, decenas de miles de civiles iraquíes inocentes, muchos de ellos mujeres y niños, han sido asesinados.

He visto con horror cómo se desarrollaba una imagen especular de Vietnam. Tantas similitudes, tantas cosas dichas que me recordaban la guerra de hacía treinta años que me dejó paralítico para siempre. Al negarse a aprender de la experiencia de Vietnam, nuestro Gobierno continúa llevando a cabo una política de engaño, distorsión, manipulación y negación, y hace todo lo posible para ocultar al pueblo estadounidense sus verdaderas intenciones y su agenda en Irak. Los ataúdes de nuestros muertos envueltos en banderas comienzan largos y dolorosos viajes de vuelta a casa escondidos a la vista de la gente, y ni siquiera se considera que valga la pena contar las bajas iraquíes; algunos estiman que hasta ahora han muerto unos cien mil.

Los parapléjicos, los amputados, las víctimas de quemaduras, los ciegos y los mutilados, los conmocionados y aturdidos, y aquellos con daños cerebrales y estrés postraumático llenan nuestros hospitales para veteranos.

La mayoría de ellos ni siquiera habían nacido cuando regresé a casa herido y me tuvieron en el hospital de veteranos del Bronx, en 1968. Los mismos procedimientos de evacuación médica que me salvaron la vida en Vietnam están trayendo a casa a toda una nueva generación de gente gravemente mutilada en Irak.

El trastorno de estrés postraumático (TEPT) que nos afectó a muchos de nosotros después de Vietnam empieza ahora a aparecer entre los soldados que regresan de la guerra en curso. A muchos, la agonía y el sufrimiento, las noches sin dormir, los ataques de ansiedad y los terribles ataques de insomnio, la soledad, la alienación, la ira y la rabia les durarán décadas, si no toda la vida. Quedarán permanentemente atrapados en la pesadilla de la guerra, de tener que matar a otro hombre, a un niño, de ver morir a un amigo..., de tener que luchar contra un enemigo que nunca se ve; de que, en cualquier momento, alguien (un niño, una mujer, un anciano, cualquiera) pueda matarte. Estos traumas regresan a casa con nosotros y cargamos con ellos, a veces ocultos, durante décadas agónicas. Impactan profundamente en nuestra vida cotidiana y en la vida de las personas que tenemos a nuestro lado.

Haber matado a otro ser humano, echado de este mundo otra vida con solo apretar un gatillo, es algo que nunca olvidas. Es como si una parte de ti muriera con ellos. Si eliges seguir viviendo, es posible que haya curación e incluso esperanza y felicidad nuevamente, pero la cicatriz, el recuerdo y la tristeza por lo hecho te acompañarán siempre.

Algunos de estos veteranos se presentan en lugares de acogida para personas sin hogar en todo el país, mientras que otros han comenzado a hablar con valentía contra la insensatez y la locura de esta guerra, y contra los mandamases que los enviaron allí. Durante la Convención Demócrata de 2004, los soldados que regresaron formaron un grupo llamado Veteranos de Irak contra la Guerra, igual a como nos manifestamos en Miami en agosto de 1972 los Veteranos de Vietnam contra la Guerra. Muchos se han negado a ser enviados a Irak, se han ido a Canadá y han comenzado a oponerse a esta guerra inmoral e ilegal.

Los meses previos a la invasión de Irak, ciudadanos de Estados Unidos y de todo el mundo marcharon y se manifestaron en creciente oposición al imprudente plan de nuestro Gobierno de lanzar un ataque. Participé orgullosamente en protestas en Los Ángeles, San Francisco y Washington D. C.; concedí innumerables entrevistas y hablé donde fuera que la gente quisiera escucharme. Muchos destacados líderes mundiales, incluidos Nelson Mandela y el papa Juan Pablo II, comenzaron a alzar la voz contra la terrible y desafortunada política exterior de mi país. Esta extraordinaria oposición culminó el 15 de febrero de 2003, cuando más de treinta millones de ciudadanos en más de cien naciones participaron en la manifestación más masiva de la historia en nombre de la paz. Nunca se habían unido tantos seres humanos antes de que comenzara una guerra para decir no a la estupidez y la locura.

Muchos de nosotros nos prometimos hace mucho tiempo que nunca permitiríamos que volviera a suceder lo que nos pasó en Vietnam. Teníamos la obligación, la responsabilidad como ciudadanos, como estadounidenses, como seres humanos, de alzar nuestras voces para protestar. Nunca íbamos a olvidar los hospitales, las salas de cuidados intensivos, los heridos que nos rodeaban agonizantes, los largos y dolorosos años después de volver a casa, las noches solitarias. Había vidas que salvar en ambos bandos, hombres y mujeres jóvenes que quedarían desfigurados y mutilados, madres y padres que perderían a sus hijos e hijas, esposas y seres queridos que sufrirían durante décadas si no hacíamos todo lo posible para detener el poderoso empuje de esta locura.

Lo supimos muy pronto y muy rápidamente. Vimos cómo los mismos patrones destructivos se reafirmaban cada vez que nuestros líderes hablaban de «los malos», de «hechos perversos», de «amenazas inminentes» y de «nubes con forma de hongo» para asustar e intimidar al pueblo estadounidense y que este apoyara su hoja de ruta. La administración Bush parece haber aprendido algunas lecciones muy diferentes a las que nosotros aprendimos de Vietnam. Si denunciamos la profunda inmoralidad y obscenidad de aquella guerra, ellos han aprendido a ser aún más brutales, más violentos y despiadados, es decir, a provocar «conmoción y pavor». Lamentablemente, la guerra contra el terror se ha convertido en una guerra «del» terror. Donde nosotros aprendimos a ser más abiertos y honestos, a ser más confiables, a exponer, a denunciar, a derribar los mitos del pasado, ellos parecen haber aprendido exactamente lo contrario: a ocultar, a censurar, a manipular, a engañar para perpetuar esos mitos.

En lugar de sentirnos intimidados o asustados, muchos de nosotros nos sentimos más indignados y más decididos que nunca a detener a estos hombres y mujeres ignorantes y arrogantes que nunca vieron las cosas que nosotros vimos, nunca tuvieron que lamentar verse heridos los cuerpos o haber perdido a sus hijos e hijas; nunca vieron cómo muchos amigos y compañeros veteranos acabaron destruidos por el alcoholismo y las drogas, la falta de vivienda, la cárcel, la negligencia y el rechazo, la tortura, el abandono y la traición..., por las dolorosas secuelas de la guerra. Los gobernantes nunca han experimentado las lágrimas, el temor y la rabia, el sentimiento de que no hay Dios, ni patria, ni nada más que la herida, los recuerdos horrorosos, la conmoción, la culpa, la vergüenza, la terrible injusticia que segó las vidas de más de cincuenta y ocho mil estadounidenses y más de dos millones de vietnamitas.

Tuvimos que actuar. Tuvimos que hablar.

Ya no soy el hombre de veintiocho años que, pasados seis desde la guerra de Vietnam, se sentaba ante la máquina de escribir en Santa Mónica en el otoño de 1974. Ahora tengo casi sesenta. Tengo el pelo y la barba casi completamente blancos. Las pesadillas y los ataques de ansiedad prácticamente han desaparecido, pero sigo sin dormir bien por las noches. Doy vueltas y vueltas con un dolor físico cada vez mayor.

Pero sigo siendo positivo y optimista. Sigo decidido a superar todo esto. Sé que el dolor que siento y los horrores por los que pasé siempre me acompañarán, pero tal vez no con la misma fuerza y furia con que me acosaban poco después de volver de la guerra. He aprendido a perdonar a mis enemigos y a perdonarme a mí mismo. Me costó mucho recuperarme de la guerra viviendo en Estados Unidos, y a menudo soñé con mudarme a terreno neutral, a otro país. Sin embargo, en cierto modo he conseguido algo de paz, incluso en una nación que a menudo parece creer todavía en la guerra y en el uso de la violencia como solución a los problemas. Conseguí un ajuste de cuentas, una renovación. La cicatriz siempre estará ahí, un recuerdo vivo de la guerra, pero ahora también se ha convertido en algo hermoso, algo que me proporciona fe, esperanza y amor.

Se me ha dado la oportunidad de atravesar la noche oscura del alma en dirección a una nueva orilla, para llegar a comprender, a conocer, a tener una visión completamente diferente. Ahora creo que sufrí por una razón y, en muchos sentidos, he encontrado el objetivo en el compromiso con la paz y la no violencia. Mi vida ha sido una bendición disfrazada de desgracia, pues no olvido el dolor y las muchas dificultades que mi discapacidad física acarrean. Es una bendición poder hablar en nombre de la paz, de ser capaz de llegar a tanta gente.

Vi de primera mano lo que había provocado la terrible política de nuestro Gobierno. Soporté, sobreviví y llegué a comprender. El único regalo que recibí de la guerra fue un despertar. Me convertí en un mensajero, un símbolo vivo, un ejemplo, un hombre que aprendió que el amor y el perdón son más poderosos que el odio, que aprendió a abrazar a todos los hombres y mujeres como a hermanos y hermanas. Nadie volverá a ser mi enemigo, por mucho que intenten asustarme e intimidarme. Ningún Gobierno me dirá jamás que tengo que odiar a otro ser humano. Se me ha encomendado la tarea de encender un faro, de repicar una campana, de gritar desde las azoteas más altas, de avisar al pueblo estadounidense y a los ciudadanos de todo el mundo acerca de la profunda inmoralidad y la total incorrección del enfoque militar para resolver nuestros problemas; la tarea de abogar por una alternativa a este caos y a esta estupidez, a esta locura y esta brutalidad.

Debemos cambiar de rumbo.

Creo verdaderamente que este hermoso mundo me ha dado mucho más de lo que me ha quitado. Muchos conocidos ya no están, y se fueron demasiado jóvenes. Doy las gracias por estar vivo después de todos estos años y de todo lo que he pasado. Doy gracias por todos y cada uno de los días vividos. La vida es algo precioso.

RON KOVIC
Redondo Beach, California, marzo de 2005

Nacido el 4 de julio

A mi país y su gente,
feliz cumpleaños

No te preguntes lo que tu país puede hacer por ti,
pregúntate qué puedes hacer tú por tu país.

JOHN F. KENNEDY, 20 de enero de 1961

Soy la muerte en vida,
el Día de los Caídos en silla de ruedas.
Soy tu Yankee Doodle Dandy,
tu John Wayne que vuelve a casa,
la traca del 4 de julio
que explota en la tumba.

La sangre sigue chorreándome del chaleco antibalas por el agujero del hombro y las balas no dejan de golpear la arena a mi alrededor. Sigo intentando mover las piernas, pero no puedo sentirlas. Intento respirar, pero me cuesta. Tengo que salir de aquí, salir de aquí como sea.

Alguien grita a mi izquierda, me grita que me levante. Chilla una y otra vez, pero yo sigo atrapado en la arena.

¡Sacadme de aquí, sacadme de aquí, por favor, que alguien me ayude! Oh, ayudadme, por favor, ayudadme. ¡Oh, Dios, oh, Jesús!

—¿Hay algún médico? —lloro—. ¿Alguien puede llamar a un médico?

Se oye un fuerte chasquido y veo que el chaval empieza a sollozar.

—¡Me han disparado en el puto dedo! ¡Vamos, sargento! ¡Larguémonos de aquí!

—No puedo moverme —jadeo—. ¡No puedo mover las piernas! ¡No noto nada!

Lo veo correr de regreso a los árboles.

—Sargento, ¿se encuentra bien? —me pregunta alguien, e intento darme la vuelta.

De nuevo se oye el silbido de una bala y una voz de crío que llora.

—¡Oh, Jesús! ¡Oh, Jesucristo!

Oigo que se desploma detrás de mí. Creo que está muerto, pero no siento nada por él, solo quiero seguir vivo. No siento nada.

Oigo entonces que se me acerca otro soldado, intenta salvarme.

—¡Salgamos de aquí —grito—, salgamos de este puto sitio!

Un hombre negro, alto, con los brazos largos y delgados y manos enormes me levanta y se me echa al hombro mientras las balas restallan por encima de nosotros como tracas. Una y otra vez explotan mientras el cielo gira a nuestro alrededor como un tornado.

—¡Malditos hijos de puta! —grita.

Y las ráfagas no paran y el cielo y el sol y mi cuerpo desaparecen; un torbellino, cuelgo como un títere, me hundo una y otra vez en la arena, arriba y abajo, a rastras y maldiciendo, en busca de aire que respirar.

—¡Malditos, malditos hijos de puta!

Finalmente, me arrastran a un agujero en la arena. No siento la parte inferior del cuerpo, deforme y plegada bajo mi peso. El negro sale corriendo del agujero sin decir nada. No le he visto la cara. Nunca sabré quién es. Ha desaparecido. Ahora, otros cuidan de mí en el hoyo, me vendan las heridas. Les veo el miedo en las caras.

—Está bien —les digo—, todo va bien.

Alguien acaba de salvarme la vida. He perdido el fusil y no tengo ganas de encontrarlo, ni de volver a empuñarlo jamás.

Lo único que pienso, lo único que se me pasa por la cabeza, es seguir con vida. Parece que no haya nada en el mundo más importante.

Cientos de balas chocan ahora contra la arena. Miro al cielo porque no puedo moverme. Los soldados salen del agujero y corren en todas direcciones. Les veo las piernas, y las caras asustadas. Gritan y arrastran a los heridos hasta ponerlos a mi lado. Las ráfagas no paran, las balas impactan cerca. Parece que cada vez estén más cerca. Un hombre alto salta dentro y me aplasta contra el suelo.

—¡Dios! —llora—, ¡Dios mío, por favor, sácanos de aquí!

Se acaba la refriega. Me sacan del hoyo (dos, tres, cuatro hombres) y rápidamente me atan a una camilla. Las piernas me cuelgan a los lados, hasta que se dan cuenta de que no puedo controlarlas.

—No puedo moverlas —digo casi con un susurro—, no puedo moverlas.

Respiro acompasado, intento calmarme, intento no ponerme nervioso, no caer presa del pánico. Quiero vivir. Sigo diciéndome a mí mismo, «tranquilo, estate tranquilo», mientras me atan las piernas a la camilla y me llevan, herido, a un Amtrac lleno de soldados heridos. La trampilla de acero de la lancha de desembarco se cierra lentamente y empezamos a movernos en dirección a la orilla norte; cruzamos el río hasta la zona en la que está acampado el batallón.

Los hombres gritan a mi alrededor: «¡Dios, sácame de aquí!», «¡ayuda, por favor!», no paran de gritar. Dicen «oh, Jesús» como niños, no como marines, no como los marines de los carteles, no como aquel día en el instituto; esto es real. «¡Madre!», grita un hombre sin rostro. «¡No quiero morir!», chilla un joven que se sujeta las tripas con las dos manos. «¡Oh, por favor, oh, no, oh, Dios, oh, ayuda! ¡Madre!», grita de nuevo.

Nos deslizamos lentamente por el río, el Amtrac cabecea. Ya no podremos volver a ser valientes, no hay motivo. Ahora ya no tiene sentido. Nos aferramos a nosotros mismos, a las cosas que nos rodean, a los recuerdos, a los pensamientos, a los sueños. Respiro lentamente, tratando con desesperación de mantenerme consciente.

La trampilla de acero se abre. Veo caras. Personal sanitario, creo. Otros, curiosos, nos miran. Aire fresco, lo siento, lo huelo. Me sacan del transporte. Cuerpos heridos, lamentos de gente herida. Estoy en un helicóptero que se eleva sobre el campamento. Abandono la guerra. Voy a vivir. Todavía respiro, lo pienso una y otra vez: voy a vivir y voy a salir de aquí.

Me están clavado tubos y agujas en los brazos. Ahora, nos están amontonando en aviones. Empiezo a tener cada vez más claro, mientras veo a los otros heridos apiñados a mi alrededor en literas, que voy a vivir.

Lucho desesperadamente por mantenerme despierto. Estoy en una ambulancia que me lleva a toda prisa a alguna parte. Hay un hombre sin piernas que grita de dolor, gime como un bebé. Sangra terriblemente por los muñones que alguna vez fueron piernas, y se golpea violentamente el pecho con los brazos, en un aturdimiento semiconsciente. Es demasiado para mí, casi no puedo soportarlo.

No podré soportarlo mucho tiempo. Que me noqueen pronto, antes de que me vuelva loco. Creo que ya he visto demasiado por hoy. Pero aguanto, tomo aire. Le grito y lo maldigo para que se calle.

—¡Mi herida es peor que la tuya! —grito—. Tienes suerte —le suelto mirándolo a los ojos—. No siento nada de mitad para abajo. Al menos tú aún tienes parte de las piernas. ¡Cállate! —vuelvo a gritar—. ¡Cállate, maldito, que pareces un bebé!

No deja de mover los brazos violentamente por encima de la cabeza y patea con los muñones sangrantes hacia el techo de la ambulancia.

El viaje parece durar mucho, pero pronto llegamos al lugar adonde mandan a los heridos. Noto una euforia tremenda dentro de mí. He conseguido llegar hasta aquí. De hecho, he llegado hasta aquí sin rendirme y ahora estoy en un hospital donde me operarán y descubrirán por qué no siento nada de la mitad para abajo. Sé que voy a conseguirlo. Voy a lograrlo, no por ningún dios o religión, sino porque *yo* quiero conseguirlo, *yo* quiero vivir. Y dejo atrás al hombre sin piernas que grita y me llevan a una habitación muy luminosa.

—¿Cómo se llama? —grita una voz.

—¿Q… qu… qué? —balbuceo.

—¿Cómo se llama? —dice la voz de nuevo.

—K-K-Kovic —digo.

—¡No! —dice la voz—. Quiero su nombre, rango y número. Su fecha de nacimiento, el nombre de su padre y de su madre.

—Kovic. Sargento. Dos…, eh…, tres…, eh…, dos, seis, uno, oye, ¿cuándo vas a…?

—¡Fecha de nacimiento! —grita la voz.

—Cuatro de julio de mil novecientos cuarenta y seis. Nací el cuatro de julio. No siento…

—¿Religión?

—Católico —respondo.

—¿De qué unidad vienes?

—¿Qué está pasando? ¿Cuándo me vas a operar? —digo.

—Los médicos le operarán —afirma—, no se preocupe —dice confiado—. Están muy ocupados y hay muchos heridos, pero pronto le atenderán.

Continúa casi en posición de firmes frente a mí con un gran portapapeles en la mano y apunta toda la información que puede reunir. No puedo entender por qué tardan tanto en operarme. Me parece que estoy muy grave y que deben operarme lo más rápido posible. El hombre con el portapapeles sale de la habitación. Enviará al sacerdote pronto.

Me quedo solo en la habitación, mirando la pared; tomo aire, más decidido que nunca a seguir con vida. El sacerdote aparece de repente sobre mi cabeza. Con los dedos me toca la frente con gentileza, acariciándola lenta y suavemente.

—¿Cómo estás? —pregunta.

—Estoy bien, padre.

La cara delata un gran cansancio, pero no parece asustado. Está tranquilo, como si lo que hace lo hubiera hecho muchas veces.

—He venido a darte la extremaunción, hijo mío.

—Estoy listo, padre —digo.

Y reza, y me unge con aceites la cara, suavemente, y me lleva el crucifijo a los labios.

—Rezaré por ti —dice.

—¿Cuándo me operarán? —le pregunto al cura.

—No lo sé —dice—. Los médicos están muy ocupados. Hay muchos heridos. Aquí solo hay tiempo para intentar sobrevivir. Así que debes intentar sobrevivir, hijo, y yo rezaré por ti.

Al poco me llevan a una gran sala donde hay muchos médicos y enfermeras. Se mueven rápidamente a mi alrededor, de manera muy competente.

—Te pondrás bien —dice una enfermera con calma.

—Respira profundamente dentro de la mascarilla —dice el médico.

—¿Va a operarme? —pregunto.

—Sí. Ahora respira profundamente dentro de la mascarilla.

Mientras la oscuridad de la mascarilla me cubre lentamente el rostro, rezo con todo mi ser para sobrevivir a esta operación y poder ver la luz del día una vez más. Tengo muchas ganas de vivir. E incluso antes de entregarme al sueño, con la oscuridad que me ronda la cabeza y la anestesia que me atonta, empiezo a luchar como nunca antes en mi vida lo había hecho.

Me despierto con los gritos de los soldados que tengo al lado. Lo he conseguido. Creo que tal vez la herida sea mi castigo por haber matado a aquel cabo y a los niños; creo que ahora todo está en orden y he purgado mis culpas. Ahora me han dejado aquí, con otros que han sido heridos como yo, atados a una extraña cama circular. Noto tubos que me entran por la nariz y oigo el ruido metálico y el bombeo de una máquina. No siento aún nada, pero sé que estoy vivo. Siento un dolor terrible en el pecho. Mi cuerpo está muy frío. Nunca ha estado tan débil. Me siento cansado y fuera de sitio, perdido y dolorido. Apenas puedo respirar todavía.

Miro alrededor, a la gente que se mueve entre las sombras del entumecimiento. Veo al hombre que había estado en la ambulancia conmigo, y grita aún más fuerte que antes, da patadas al aire con los muñones ensangrentados, pide tener a su madre cerca, suplica morfina.

Enfrente de mí hay un coreano que ni siquiera ha ido a la guerra. La enfermera dice que iba a comprar un periódico cuando pisó una mina antipersona y le arrancó las piernas y el brazo. Y todo lo que queda ahora es este trozo de carne que balancea un brazo en el aire y gime como un animal que busca un último agarre para vivir porque sabe que la muerte se acerca. El coreano grita como un loco a todo pulmón. No puedo esperar a que me pongan las inyecciones de morfina. ¡Oh, la morfina hace que te sientas tan bien…! Hace que todo esté oscuro y silencioso. Puedo descansar. Puedo alejarme de esta locura. Puedo volver a soñar con el patio de casa.

Cuando me despierto, gritan todavía, las luces están encendidas y el reloj, el reloj de la pared, puedo oír el tictac al ritmo de los chillidos. Puedo oír cómo se llevan a los muertos y cómo traen a los nuevos heridos a las camas que tengo al lado. Tengo que salir de aquí.

—¿Puedo llamarte por tu nombre? —le digo a la enfermera.

—No. Mi nombre es teniente Wiecker.

—Por favor, ¿puedo...?

—No —dice ella—, va contra las normas.

Duermo. Las luces parpadean. El piloto negro está a mi lado. No dice nada. Se pasa el día mirando al techo. No hace nada más. Pero algo pasa, algo va mal. La enfermera pide a gritos la máquina y el médico se abalanza sobre el pecho del hombre negro, le pone las rodillas encima y se lo presiona una y otra vez.

—¡Paro cardiaco! —grita la enfermera.

Golpea, golpea, casi le da puñetazos en el pecho.

—¡Traiga la máquina! —grita el médico.

La enfermera arrastra la máquina por el suelo del hangar lo más rápido posible. Tratan de rodear la cama con cortinas, pero las cortinas resbalan y se caen. Todos, todos los heridos que todavía pueden ver y pensar observan ahora lo que le sucede al piloto y lo que pasa a mi lado. El médico le entrega una jeringa al enfermero y ríen mientras este le clava la jeringa en el pecho al piloto como si fuera un cuchillo. Hablan de los Green Bay Packers y el sanitario golpea con el puño el pecho del hombre negro una y otra vez hasta que el cuerpo del piloto comienza a hincharse, hasta que ya no parece un cuerpo. Tiene la cara hinchada como un globo y la saliva le cae lentamente por las comisuras. Sigue mirando al techo y no dice nada.

—¡La máquina! ¡La máquina! —grita el médico, que se sube ahora a la cama y ocupa el lugar del enfermero—. ¡Enchufa la máquina! —grita.

Toma una ventosa que sale de la máquina y la coloca con cuidado en el pecho del piloto negro.

El cuerpo del hombre negro salta en la cama hasta formar un arco cada vez que le dan una descarga eléctrica, se sacude y se arquea, se hincha cada vez más.

—Apostaré por los Packers —dice el auxiliar.

—Green Bay no tiene ninguna posibilidad —dice el médico riendo.

La enfermera ahora sonríe, se burla tanto del médico como del sanitario.

—No sé nada de fútbol —dice.

Cubren la cabeza del hombre negro con la sábana y lo atan a la camilla. Lo sacan de la sala.

El civil coreano no para de gritar y ahora hay un niño en el fondo de la sala. La enfermera dice que nuestros aviones lo han bombardeado con napalm. No puedo ver al niño, pero grita como el coreano, y como el joven sin piernas que conocí en la ambulancia.

Oigo una radio. Es la emisora de las Fuerzas Armadas. El médico le dice al bebé que se calle y hay un joven con la mitad de la cabeza destrozada. Lo han traído y lo han puesto donde acaba de morir el piloto negro, a mi lado. Tiene la cabeza vendada casi por completo y apenas puedo verle la cara. Es como un vegetal: un vegetal de diecinueve años que mueve los brazos arriba y abajo, balbucea y orina en las sábanas blancas y limpias.

—¡Deja de mearte en las sábanas! —grita el asistente. Y el chico de diecinueve años al que le han volado el cerebro hace que el médico se enfade mucho. Sigue orinando en las sábanas y no deja de llorar como un bebé.

Un sargento de las fuerzas especiales llama a su madre. Lo oigo por las noches. Tiene meningitis. Estará muerto antes de que amanezca.

El civil coreano ya no se queja. No mueve su único brazo, con los dos dedos que le quedan, por encima de la cabeza. Está muerto, y se lo llevan también.

Ahora hay una monja que va por la sala con manzanas para los heridos, y con rosarios. Es muy agradable, sonríe a los heridos. El auxiliar médico lee un cómic, sin dejar de maldecir al niño. El niño grita y la radio de las Fuerzas Armadas dice que las tropas volverán pronto a casa. El joven de los muñones ensangrentados recibe una inyección de morfina.

Un general camina ahora por los pasillos, y va de cama en cama. Desfila por los pasillos, desfila y se detiene a hablar con los heridos. Detrás de él va un soldado flaco con una cámara Polaroid. El general viste uniforme inmaculado y zapatos relucientes.

—Buenas tardes, marine —dice el general—. En nombre del presidente de Estados Unidos y del Cuerpo de Marines, estoy orgulloso de condecorarle con el Corazón Púrpura y de entregarle una fotografía.

Entonces, aparece el hombre flaco con la cámara Polaroid y muestra una fotografía del herido:

—Una foto para que se la envíe a sus viejos.

Se acerca a mi cama y dice exactamente lo mismo que le ha dicho a los demás. El flaco se levanta de un salto y toma una fotografía del general entregándome el Corazón Púrpura.

—Aquí tiene —dice el general—, una foto para que se la envíe a sus viejos.

El general gira bruscamente hacia la izquierda. Se dirige a la cama que tengo al lado, donde el muchacho de diecinueve años se mea en los pantalones y balbucea como un bebé.

—En nombre del presidente de Estados Unidos —dice el general. El muchacho ahora grita y casi se arranca las vendas de la cabeza dejando al descubierto las partes de cerebro que aún le quedan—, le ofrezco el Corazón Púrpura. Y aquí... —dice el general, entregando la medalla al chico de diecinueve años, mientras el flaco hace la foto—, aquí hay una foto... —dice el general, mirando la fotografía que el flaco acaba de sacar. El joven sigue orinando en las sábanas blancas—, aquí tiene una foto para enviar...

El general no termina la frase. Se queda mirando al chico de diecinueve años durante lo que parece una eternidad. Luego, le devuelve la fotografía al flaco y, tan bruscamente como antes, se dirige a la cama de al lado.

—Buenas tardes, marine —dice.

El muchacho sigue meándose en las blancas y limpias sábanas cuando el general sale de la habitación.

Paso aquí siete días y siete noches. Escribo notas en trozos de papel diciéndome una y otra vez que saldré de aquí, que viviré. Aprieto pelotas de goma con las manos para intentar coger fuerzas de nuevo. Escribo cartas a mamá y papá. Se las dicto a una mujer llamada Lucy, que está con la USO. Les digo a mamá y a papá que estoy malherido, pero que lo he hecho por Estados Unidos y que vale la pena. Les digo que no se preocupen. Pronto estaré en casa.

Ha llegado el día en que se supone que debo irme. Me atan a un armazón y me sacan de la habitación de los heridos. Me llevan de un pabellón a otro y, finalmente, me suben a un avión y dejo Vietnam para siempre.

El autobús giró por una calle lateral y tomó la avenida, luego entró en Queens, donde estaba el hospital. Por primera vez en el viaje todos reían y bromeaban. Sintió que empezaba a despertar de la pesadilla. Toda aquella zona era su hogar: las calles, la alameda… La conocía como la palma de la mano. El aire era fresco y frío y el autobús se balanceaba de un lado a otro.

—¡Este autobús es una mierda! —gritó un chaval—. ¿No tienen nada mejor que esto? Quiero a mi madre, ¡quiero a mi madre!

El dolor le retorcía la espalda, pero bromeó con los demás; los soldados, los heridos, entraban por las puertas del hospital naval St. Albans. Un guardia les hizo señas para que entraran y el autobús se detuvo.

Fue el último de los hombres en ser bajado del autobús. Tenían que cargar con él. Tuvo la impresión de que era una cosa extraña: una estructura de acero con él aprisionado dentro como una tortita.

Lo dejaron en la sala de neurología. Era aséptica y silenciosa. Ya estoy otra vez con los vegetales, pensó. Pasó mucho tiempo hasta que apareció una enfermera. Él le dijo que si no le quitaban la parte superior del corsé de la espalda empezaría a gritar. Se lo quitaron y lo llevaron escaleras abajo a otra sala. Esta era una sala para hombres con heridas abiertas. Lo pusieron allí por culpa del talón, que se lo destrozó la primera bala; la parte de atrás del pie estaba completamente perdida.

Ahora estaba en el pabellón I-C con otros cincuenta hombres heridos recientemente en la guerra: ciegos y amputados no mayores de veinte años, hombres sin intestinos, hombres que cojeaban, hombres en sillas de ruedas, hombres doloridos. Se dio cuenta de que todos sonreían de manera extraña y pensó que su sonrisa también era extraña. Eran hombres que habían jugado con la muerte y la habían engañado a una edad muy temprana.

Se recostó en la cama y observó todo lo que sucedía a su alrededor. Iba a rehabilitación todos los días y trabajaba muy duro con las pesas. Tenía que fortalecer la parte superior del cuerpo si quería volver a caminar. En Da Nang, los médicos le dijeron que se acostumbrara a la idea de estar sentado en una silla de ruedas para siempre. Lo había aceptado, pero cada vez más soñaba y deseaba poder caminar de nuevo. Rezaba todas las noches después de que se fueran las visitas. Cerró los ojos y soñó con ponerse de nuevo en pie.

A veces venían a verlo los de la Legión Estadounidense de su ciudad: los hombres, sus esposas y sus bellas hijas. Rodeaban su cama. Le parecía que tuviera que animarlos más él a ellos de lo que ellos lo animaban a él. Le dijeron que era un héroe y que Massapequa estaba orgullosa de él. Una vez, se acercó el comandante y dijo que incluso estaban pensando en ponerle su nombre a una calle. Pero la esposa se sintió avergonzada e hizo callar a su marido. Ella le dijo que el comandante estaba bromeando: solía dejarse llevar después de un par de cervezas.

Luego de un par de semanas en el hospital, una mañana apareció un hombre y le entregó un sobre grande. Esperó hasta que este se fue para abrirlo. Dentro había una mención honorífica y una medalla por servicios destacados al estado de Nueva York. La mención estaba firmada por el gobernador Rockefeller. Metió el sobre y todo lo que contenía debajo de la almohada.

No había civiles en la sala del hospital, y se tocaba diana a las seis de la mañana. Todos los heridos que podían ponerse en pie estaban obligados a permanecer firmes a lado de sus camas mientras se pasaba lista. Después de pasar lista, tenían que hacerse las camas y llevar a cabo una limpieza general de toda la sala, desde fregar los suelos hasta limpiar las ventanas. Incluso los amputados tenían que hacerlo. Sin embargo, nadie nunca le dijo nada. Por lo general, mientras duraba el proceso, él dormía.

Tocaba luego la medicación y, después, uno de los sanitarios lo ponía en una silla de ruedas y se lo llevaba a la ducha. El auxiliar lo dejaba solo durante unos cinco minutos; luego, lo levantaba y lo sentaba en un banco de madera, con las piernas colgando, los dedos de los pies apenas tocaban el suelo. Se sentaba así en la ducha todas las mañanas viendo cómo las piernas se le adelgazaban cada vez más, hasta que después de un mes el tono muscular prácticamente había desaparecido. Con desesperación y frustración vio cómo su antes fuerte cuerpo de veintiún años quedaba lisiado y desfigurado. Empezaba a comprender la naturaleza de la lesión. Ahora sabía que eso era lo peor que le podía haber pasado, sin contar la muerte o el estado vegetativo.

Pensaba más y más en lo que un sacerdote le había dicho en Da Nang:

—Tu batalla empieza ahora. Habrá veces que nadie querrá oír por lo que estás pasando. Vas a tener que aprender a llevar un gran peso y buena parte de ese aprendizaje lo harás solo. No te asustes cuando te abandonen. Estoy seguro de que lo superarás.

Ahora estoy en otro hospital. Las cosas son muy diferentes aquí. Por la mañana hay tranquilidad. Aquí no tocan diana. El sol empieza a entrar por las ventanas y puedo oír el goteo constante de las grandes bolsas de plástico que rebosan de orina en el suelo. La asistente entra en la habitación, es una enorme mujer negra. Va a la cama de Willey, que está frente a la mía, y casi pisa el charco de orina. Saca el tapón del objeto metálico que tiene en el cuello y mete un largo tubo de goma, luego hace clic en la máquina que hay al lado a la cama. Se oye fuerte el sonido de la succión. Mueve el tubo de goma una y otra vez hasta que succiona todo lo que hay en los pulmones de Willey. Cuando termina, le vuelve a poner el tapón en la garganta y sale de la habitación.

Hay gente que habla al final del pasillo. El turno de noche se prepara para irse a casa. Se ríen a carcajadas y tiran de la cadena del baño, maldicen y cuentan chistes, hombres negros con batas blancas pasan delante de la puerta. Cierro los ojos. Intento volver a soñar lo que soñaba. Una chica. Es muy guapa, muy cariñosa y está acostada a mi lado, desnuda. Me besa y empieza a desabrocharme la bata del hospital.

«Te quiero —oigo que me dice—. Te quiero».

Abro los ojos. Algo extraño me hace cosquillas en la nariz. Es Tommy, el hombre del enema, y hoy me toca enema.

—Hey, Kovic —dice Tommy—. Venga, Kovic, despierta, vengo con el enema.

Al principio me besa en los labios suavemente, luego me mete la lengua en la boca. Le acaricio el pelo y ella me dice que le encanta que haga eso. Me desabrocha los pantalones y mete su pequeña mano por la bragueta. Meto la lengua en la boca de ella con más furia que nunca. Acabábamos de bailar en la pista, yo me divertía bailando como un hombre con zancos, y ahora estamos haciendo el amor, pero vuelvo a oír una voz que intenta despertarme de nuevo.

—¡Kovic! Vengo con el enema. Vamos. Tenemos que moverte.

Noto que me levantan. Tommy y otra asistente, una joven negra, me levantan y desconectan con cuidado el tubo. Me ponen en el armazón y me envuelven las piernas con largas sábanas blancas. Me ponen otra sábana grande encima. El armazón tiene una larga barra de metal que me pasa por encima de la cabeza. El trasero sobresale por una hendidura sobre la que me acuesto.

—Bien —grita Tommy con voz grave—. Este está listo para ponerse en marcha.

La asistente me empuja hacia la fila que hay en el pasillo. Veo armazones de ortopedia por todas partes, alineados frente a la sala azul de los enemas. Es la hora del especial de las seis. A estas alturas debe de haber unos veinte tipos esperando. Parece un tren con muchos vagones, una larga cadena de montaje de cuerpos rotos y mutilados que esperan para evacuar. Es deprimente: todos esos cuerpos, la mitad de ellos dormidos, atados a unos soportes y con los traseros al aire. Cuerpos hinchados a la espera de poder evacuar. Cada tres días toca lavativa y espero en la larga fila de hombres alineados cerca de la pared verde del hospital. Observo cómo empujan los cuerpos inermes hacia la sala de enemas y, finalmente, a mí también.

Es una pequeña habitación azul y nos apiñan como sardinas. Tommy corre de un lado a otro colocando los orinales debajo de los traseros, riendo y bromeando, con un cigarrillo que le cuelga de la comisura.

—Está bien, está bien, ¡en marcha! —grita.

Hay una gran lata de agua con jabón sobre la cabeza de los hombres, y de ella sale un tubo. Tommy salta y silba como un niño pequeño, se acerca a los hombres y les mete los tubos de goma. Hace tintinear las palanganas, deshace pequeños nudos de los tubos de goma y llena las panzas con agua jabonosa. Todos intentan dormir, se niegan a admitir que esto les esté pasando a ellos. Un par de cuerpos que están en los armazones tienen pequeñas radios que se acercan a la cara. Tommy va de un armazón a otro, se cambia los guantes de goma y se echa lubricante en los dedos, mete las manos en los traseros, examina todos y cada uno de los cuerpos. El ayudante agarra los orinales y vacía la mierda en los cubos de basura, de vez en cuando no acierta y la mierda salpica en el suelo. Coloca los recipientes vacíos en una máquina y la cierra. Se oye el ruido de una máquina de vapor; luego se abre una portezuela y aparecen los orinales limpios, como nuevos.

¡Oh, Dios mío! ¿Qué me está pasando? ¿Qué está ocurriendo aquí? ¡Quiero salir de este lugar! Ver a estos hombres destrozados es deprimente, todos estos cuerpos demacrados y deformes en las sábanas. Es una pesadilla. No es como el cartel que pusieron en la oficina de correos, con un tipo con los zapatos brillantes. Esto es un campo de concentración. Es como esas fotografías de judíos que he visto. Esto es tan horrible como aquello. Quiero gritar. Quiero gritarles y decirles que quiero salir de aquí. Olvidar todo esto, toda esta gente, el lugar, los ruidos, quiero salir de aquí para siempre. Solo tengo veintiún años y tengo muchas cosas por delante, hay mucho por hacer.

Me limpian y me empujan por entre los cubos de basura. El hedor es terrible. Intento respirar por la boca, pero no puedo, no hay escapatoria. Tengo que mirar, tengo que oler. Creo que la guerra me ha vuelto un poco loco: el cabo de Georgia muerto, el anciano tiroteado en el poblado, con los sesos al aire. Pero son las muertes en vida lo que respiro y huelo ahora, las muertes en vida, los cuerpos destrozados en la misma guerra de la que vengo.

He salido, estoy ahora en el estrecho pasillo. La joven negra me libera el cuerpo de todos los artilugios de acero. Le miro la cara un momento, los ojos, mientras ella empuja mi cuerpo. Puedo oír el chapoteo del agua en las duchas de al lado. Ha salido el sol en el Bronx y la gente camina por los pasillos. Pueden mirar dentro de las habitaciones y ver a los hombres a través de cortinas que nunca se cierran. Es como si fuéramos un montón de ganado, como si realmente ya no contásemos.

Me empujan a la ducha. La joven negra toma un recipiente de plástico verde y me rocía, traza una línea blanca larga y delgada de la cabeza a los pies. Abre el grifo y, después de asegurarse de que el agua no está demasiado caliente, me lava con una manguera.

Es como un lavadero de coches, creo, exactamente como un gran lavadero de coches, y a mí me empujan y me desplazan, como a los demás, uno tras otro. Tommy me escruta y la mujer me limpia. Es un proceso muy ordenado y rápido. Es algo increíble hacer pasar a veinte hombres por un lugar como este, limpiar los cuerpos de veinte hombres paralíticos, veinte hombres hinchados y destrozados. Es una hazaña increíble, un logro estupendo, y Tommy es un maestro. Ahora la joven negra me seca con una gran toalla blanca y me empuja de nuevo al pasillo.

Oh, llévame de regreso a la habitación, aléjame de esta gente que camina a mi lado y hacen ver, como todos los demás, que no saben lo que está pasando aquí, que no quieren darse cuenta de que todo esto es una locura. Oh, Dios, oh, Dios mío, ayúdame, ayúdame a entender lo que pasa aquí. Ahí va la enfermera: corre por el pasillo, pisa la alfombra de goma que abre la gran puerta de metal verde con las ventanitas de cristal alambrado. Oh, enfermera, por favor, ayúdame a comer, el estómago empieza a dolerme de nuevo —como cada vez que salgo de aquí— y la cabeza me va a estallar. Quiero salir de este pasillo por el que la gente camina a mi lado. Quiero volver a mi cama, donde puedo creer que esto no sucedió. Quiero irme a dormir y olvidar que he despertado.

Cuando vienen de visita, no le cuento a mi familia lo de la sala de enemas. No les cuento lo que hago todas las mañanas con el guante de plástico, ni hablo del catéter, ni del tubo en el pene, ni de que nunca más podré volver a tenerla dura. Les oculto todo eso y les hablo de otras cosas más agradables, las que quieren oír. Le pido a mamá que me traiga *Sunrise at Campobello,* la obra sobre la vida de Franklin Roosevelt: la gran crisis que atravesó cuando contrajo la polio y cómo la superó, hasta convertirse en gobernador y luego en presidente de Estados Unidos. Hay cosas por las que estoy pasando aquí que sé que ella nunca entenderá.

Me siento como un títere enorme y torpe al que le han cortado los hilos. Aprendo a mantener el equilibrio y a girar en la silla para que nadie pueda decir qué parte de mí ya no se siente ni se mueve. Me resulta fácil ocultarles a muchos de ellos lo que estoy pasando. Todos somos así. Nadie quiere que la gente sepa cuánto de él ha muerto realmente en la guerra.

Al principio creí que la herida sería algo muy interesante. Lo vi casi como una aventura. Pero ahora ya no es una aventura. Lo veo más como algo terrible con lo que tendré que vivir el resto de mi vida. Nadie quiere que le diga que ya no puedo follar. Nunca me acercaré a ellos y les diré que llevo esa cosa de goma amarilla pegada al pene, adherida a la bolsa de goma al lado de la pierna. Me da miedo hacerles saber lo solo y asustado que me siento al pensar en la lesión. Para mí es como una especie de zona desconocida. Estoy enfadado y quiero matarlos a todos: a todos los voluntarios, a los curas y a las chicas guapas con faldas cortas y ajustadas. Tengo veintiún años y todo se ha acabado, ido para siempre. No hay curación, todo lo que podía sanar ya ha sanado y ahora me quedo con los despojos, el muerto viviente, el hombre de las piernas paralizadas, el hombre en la silla de ruedas, el chico del Easter Seal, el lisiado, el hombre asexuado, el hombre con la polla muerta, el hombre que no puede tener hijos, el hombre que no puede mantenerse en pie, el hombre que no puede caminar, el enfadado hombre solitario, el hombre amargado con pesadillas, el asesino, el hombre que llora en la ducha.

Me lo quitaron todo de un disparo, de un plumazo, y ahora estoy aquí rodeado de otros como yo y, aunque sigo intentando no sentir lástima por mí mismo, quiero llorar. No hay solución para esto. Es demasiado pronto para morir incluso para un hombre que ya ha muerto una vez.

Intento decirme a mí mismo que es bueno seguir vivo, estar de vuelta en casa. Recuerdo haber pensado durante el viaje en ambulancia al hospital que esto era el Bronx, el barrio del estadio de los Yankees, donde jugaba Mickey Mantle. Creo que entonces también me di cuenta de que no volvería a pisar el césped del estadio; no volvería a jugar.

Los pabellones están sucios. Los hombres de mi habitación echan migas de pan debajo del radiador para evitar que las ratas nos muerdan las piernas por la noche. Nos protegemos el cuerpo envolviéndonos con las sábanas. Nunca hay suficientes ayudantes para asistir a las salas y los hombres se quejan constantemente. Los heridos más graves dependen totalmente de los asistentes para darse la vuelta. Son los que más sufren y están llenos de llagas. Son las voces que se oyen gritar por la noche pidiendo una ayuda que nunca llega. Las bolsas de orina se desbordan constantemente y manchan el suelo mientras los asistentes juegan al póker en los inodoros de la sala de enemas. Las sábanas no se cambian lo suficiente y muchos de los hombres apestan por no estar adecuadamente aseados. No entendemos cómo el Gobierno puede seguir pidiendo dinero para armas y, a la vez, dejarnos tirados en nuestra propia mierda.

Briggs echa pan al radiador.

—Allá va de nuevo —dice Garcia—, esa maldita rata lleva ahí dos meses.

Briggs tiene bien alimentadas a las ratas de nuestra habitación.

—Es mucho mejor que tener a esas cabronas mordisqueándote los dedos de los pies por la noche —dice con una risa loca.

La enfermera entra y Garcia se pone nervioso.

—Creo que me he meado en los pantalones otra vez —lloriquea—. Señora Waters, creo que me he meado en los pantalones.

—Oh, Garcia —le regaña la guapa enfermera—, no diga «mear», diga «orinar». Orinar es mucho más educado.

Garcia le dice que lo siente y que de ahora en adelante dirá «orinar».

Willey vuelve a chasquear la lengua y la enfermera se acerca para ver.

—¿Qué quiere? —le pregunta a Willey.

Él es el más malherido. Paralizado por completo del cuello para abajo. Ha perdido incluso más que yo. Es solo una cabeza. La guerra le ha quitado todo.

Chasquea tres veces. La enfermera sabe que Willey quiere que le succionen el líquido de los pulmones, así que lo hace. La radio de Garcia suena de fondo. Ella le limpia bien los pulmones y, luego, sale de la habitación. Entonces, Briggs saca de la taquilla la botella de whisky, pega grandes tragos y maldice a las ratas que corren por debajo del radiador.

Que alguien, por favor, me ayude a entender esto, esta cosa terrible que me está pasando. Soy un hombre valiente y quiero serlo a pesar de la lesión. Quiero entender cómo puedo vivir con esto y con todo lo que pasó allí, el cabo de Georgia muerto y las demás barbaridades.

Encuentro un lugar fuera del hospital donde se sientan los ancianos. La hierba está muy bien cuidada y, sentados en sillas de ruedas, echan migas a los pájaros. Son los veteranos de la Primera Guerra Mundial, de eso estoy seguro, me siento a su lado y doy de comer también a los pájaros. Solo quiero que todo vaya algo más despacio, todo va demasiado deprisa, como una peonza sin control, y ahora trato de recuperar el aliento, estoy tratando de descubrir de qué va este terrible asunto.

Leo el periódico todas las mañanas y siempre dice que la guerra continúa y que el presidente está enviando más tropas;

a pesar de todo, le digo a la gente, a quien me pregunta, que creo en la guerra. ¿No lo demostré al volver allí una segunda vez? Miro a todos a los ojos y les digo que estamos ganando y que la moral de los chicos es alta. Pero lo que digo y lo que siento se van convirtiendo cada vez más en dos cosas diferentes. Los veo sufrir, y me desgarro por dentro, y no quiero volver a hablar de la guerra. Doy de comer a los pájaros y a las ardillas. Quiero que las cosas vuelvan a ser sencillas, las cosas son demasiado confusas. El hospital es como la misma guerra una y otra vez.

Los ayudantes, los negros grandes y altos que escupen y se sientan en los inodoros toda la noche, tienen que hacerlo de nuevo: recogen a los borrachos paralíticos de los pasillos, y empujan las sillas hasta las habitaciones. Los veo atar a los hombres a grandes poleas y depositar los cuerpos borrachos en las camas. Y los ayudantes ríen, siempre se ríen como se ríe la gente en un espectáculo de poca monta; todo les resulta muy divertido. Somos como un espectáculo de marionetas para ellos, bailando al son de una música enloquecedora. Están sacando a los hombres de los pasillos porque es tarde y es hora de volver a acostarlos, de conectar los tubos y de que comience de nuevo el goteo de las bolsas de orina.

Pasa un tren por el Bronx, por algún lugar sobre el río Harlem, y suena muy bien, suena cálido y maravilloso como el radiador de la calefacción de casa, como el tren de Long Island que solía oír cuando era niño. Pat, el chaval que acaba de llegar, pide ayuda a gritos. Vomita una y otra vez y maldice a todos, maldice el hospital, a las enfermeras y a los médicos. Me pregunta si todavía tengo la Biblia y empieza a reírse a carcajadas, se ríe tan fuerte que los otros le dicen que se calle, que se calle y los deje dormir. Esto es un manicomio, es una casa de locos, es un zoológico salvaje, y nosotros somos los animales, somos los animales, todos cuidadosamente acostados en camas, que se despiertan cada mañana y vomitan en las paredes verdes y huelen la orina en el suelo. Sufrimos y rezamos para poder salir de este lugar. ¡Que alguien nos devuelva nuestros cuerpos!

Me entreno todos los días en una sala de ejercicios abarrotada de hombres destrozados, con los cuerpos mutilados puestos en barras paralelas. Nuestros terapeutas, Jimmy y Dick, nos entrenan duro. Nos colocan aparatos ortopédicos y nos hacen arrastrarnos por el suelo. Nos orinamos en los pantalones y nos arrastramos hasta la bañera. Subimos y bajamos bordillos, aprendiendo a manejar la silla de ruedas. Hay una gran rueda en una esquina y acercan a un tipo enclenque con gafas. Miro el reloj, el chaval intenta hacer girar la rueda grande. Hay máquinas como la rueda por todas partes y hay dolor en todas las caras. Algunos de nosotros intentamos reírnos, hablamos de la cerveza que llega al hospital en las bolsas de papel marrón. Pero no se puede engañar al dolor. El chaval de pelo largo está otra vez en el pasillo, el niño que mira y no hace más que mirar.

Ahora estoy levantando las pesas, pesas de diez kilos, las agarro y venga arriba y abajo, arriba y abajo, hasta que me duelen los hombros, hasta que ya no puedo más. Sigo, incluso cuando no puedo más, sigo con las pesas y Jimmy habla de sus modelos de aviones y luego él y Dick me suben a la barra alta. Hay nuevas máquinas, inventadas hace poco, que el Gobierno vende al hospital para curar a los soldados, para ocuparse de todos los Willey y los Garcia y curarlos nuevamente, para arreglar sus cuerpos rotos. Hay máquinas que te ponen de pie y máquinas que te arreglan las manos, pero sucede que cuando todo termina, cuando bajan a los muchachos de las máquinas, sin ellas, el cuerpo es el mismo, el mismo cuerpo destrozado y roto del hombre que subieron al potro hace un rato. Es algo con lo que estamos empezando a convivir, esto es lo que dice con la mirada el joven de pie en el pasillo.

Es media tarde. Estoy de pie, apoyado en aparatos ortopédicos, agarrado a las barras paralelas. Mi madre y mi hermana pequeña acaban de entrar. Es la primera vez que me ven intentar levantarme de nuevo. Mi madre está asustada, se le nota en la cara, y mi hermana está de pie junto a ella tratando de sonreír. Están tomadas de la mano.

Me tiemblan las piernas, se mueven a base de espasmos. Me ponen gruesas correas alrededor de la cintura y de las piernas y entonces los brazos empiezan a temblar furiosamente. Mi madre y mi hermana siguen de pie en el pasillo. Todavía no han decidido si entrar a la habitación o no. Jimmy me ata los brazos a lo largo del poste y se me caen los grandes pantalones azules de hospital. Se me ve el culo y Jimmy sonríe, mirando a mi madre en un rincón.

—Mire —dice Jimmy—, se ha puesto de pie.

Empiezo a vomitar, mancho la bata azul del hospital y el suelo debajo de la máquina. Jimmy desabrocha rápidamente las correas y me vuelve a sentar en la silla. Mi hermana y mi madre están abrazadas, y se agarran fuertemente de las manos.

—Es una máquina magnífica, de verdad —dice Jimmy—. Tendremos un par más muy pronto.

Dirijo la silla hacia la ventana y miro al otro lado del río Harlem, donde los coches cruzan el puente como hormigas.

Para mí, todo empezó en 1946, el 4 de julio, el día que nací. El cielo se iluminó con un inmenso castillo de fuegos artificiales y mi madre me contó que el doctor dijo que yo era como un petardo. Después, cada cumpleaños fue algo que todo el país celebró. Nacer en un día así llenaba de orgullo.

Conseguí un *home run* la primera vez que bateé en la liga juvenil de Massapequa, y todavía recuerdo a mamá, a papá y al resto de los niños volviéndose locos cuando recorrí las bases y me deslicé hasta el *home* como un héroe. Perdimos el partido contra los Midgets, 22 a 7, y lloré todo el camino de vuelta a casa. Fue hace mucho tiempo, pero a veces todavía puedo oírlos gritar frente a la casa de Pete, en Hamilton Avenue. Estaban Bobby Zimmer, el chico alto que vivía en aquella calle, Kenny y Pete, el pequeño Tommy Law y mi mejor amigo, Richie Castiglia, que vivía frente a nosotros en Lee Place.

El béisbol me gustaba y jugué todo lo que pude. Compré un guante de béisbol cuando tenía siete años. Tuve que ahorrar de mi paga y canjear algunas botellas de refrescos. Era barato, una mierda, pero lucía bien, quiero decir, me parecía hermoso antes de que Bobby y los otros lo rompieran.

Recuerdo que amaba el béisbol más que nada en el mundo, y que mi equipo favorito eran los Yankees de Nueva York. Siempre que podía veía los partidos por televisión en casa con Castiglia, esperando que Mickey Mantle se acercara a la base. Subíamos el sonido de la televisión mientras la multitud, enloquecida, rugía. Corría a la casa de Richie gritándole a su madre que le dijera a Richie que Mantle estaba al bate.

Y Richie venía corriendo y traía el guante y nos parecía que estábamos en el estadio de los Yankees, en la grada, cerca del banquillo de los Yankees, y cuando Mantle conectaba un *home run* se podía oír la televisión en medio barrio. Richie y yo nos volvíamos completamente locos y nos abrazábamos y saltábamos con la cara llena de lágrimas. Mantle fue nuestro héroe. Era como un dios, una enorme estatua dorada en medio del campo. Cuando las cámaras lo enfocaban no podía quitarle los ojos de encima.

En aquel entonces, los Yankees ganaban siempre, parecía que nunca fueran a perder. Era difícil recordar si alguna vez habían perdido, y cuando no estábamos viéndolos en la televisión o en el estadio, Kenny Goodman y yo íbamos a Parkside Field a jugar a «atrapar moscas»[1] durante horas con una vieja pelota de béisbol remendada con cinta aislante negra. Pasábamos el día allí, jugábamos y corríamos por la gran explanada con todas nuestras fuerzas, nos tirábamos al suelo y nos deslizábamos por el césped, conseguíamos hacer atrapadas espectaculares con una sola mano. Solía creerme el locutor Mel Allen, y gritaba a todo pulmón:

—¡¿Lo han visto?! ¿Han visto eso, amigos? ¡Kovic acaba de hacer una atrapada imposible y el público se está volviendo

1 Denominación coloquial de un popular ejercicio para practicar la captura de la pelota con el guante de béisbol. *(N. del E.)*.

loco! ¡Todo el estadio está en pie! ¡Qué atrapada, señoras y señores, qué tremenda atrapada de Kovic!

Y así pasaba la tarde, corriendo de un lado a otro por el enorme parque. Yo era Mickey Mantle, Willie Mays y todos mis héroes, convertidos en uno solo.

Cuando no estábamos en el campo o viendo a los Yankees en televisión, jugábamos al *wiffle ball* o trepábamos a los árboles para buscar nidos de pájaros, íbamos a Fly Beach en el viejo coche de la señora Zimmer, que tocaba la bocina cada vez que giraba por una esquina, o buceábamos con las gafas subacuáticas y las aletas de goma; luego, correteábamos por entre los aspersores cuando llegábamos a casa, esperábamos nuestro turno para entrar en la ducha. Y las noches de verano paseábamos por el barrio, desde la casa de Bobby hasta la de Kenny, volábamos planeadores de juguete, hacíamos el pino y dábamos volteretas apoyados en las cercas, íbamos en bicicleta al bosque que había al final del barrio, hacíamos balsas, construíamos casas en los árboles, saltábamos los arroyos con ramas de árboles como pértigas, hacíamos el equilibrista en la cerca del patio como Houdini, saltábamos por el camino de pizarras que rodeaba el patio trasero para ver hasta dónde podíamos llegar a la pata coja.

E iba corriendo a todas partes, adonde fuera: a la escuela, a la tienda de chucherías, al Deli, a comprar cromos de béisbol y chicles Bazooka, con las tiras de dibujos animados.

Cuando llegaba el 4 de julio, el barrio se llenaba de fuegos artificiales. Era para mí la época más emocionante del año después de Navidad. Nacer el mismo día que mi país me parecía realmente genial. Estaba muy orgulloso. Y cada 4 de julio celebraba una fiesta de cumpleaños y todos mis amigos venían con regalos y nos poníamos sombreros de broma y tocábamos las trompetas que papá traía a casa del A&P.

Comíamos muchos helados y sandía y yo abría los regalos y apagaba las velas del gran pastel de cumpleaños rojo, blanco y azul y luego todos cantábamos el cumpleaños feliz y *I'm a Yankee Doodle Dandy.* Por la noche, nos subíamos al viejo coche de la madre de Bobby e íbamos al autocine, desde donde veíamos los fuegos artificiales. Antes de que comenzara la película, salíamos y nos sentábamos en el techo del coche, envueltos en mantas. Mirábamos los cohetes y los fuegos que subían y explotaban en palmeras con los colores del arco iris. Luego, después de que la señora Zimmer me hubiera llevado de vuelta a casa, me acostaba sintiéndome un poco triste porque todo había acabado demasiado pronto. Cerraba los ojos y aún oía ráfagas de petardos y cohetes estallar por el vecindario.

La gente del barrio creció viendo la televisión. Veían a Howdy Doody y Rootie Kazootie, Cisco Kid y Gabby Hayes, Roy Rogers y Dale Evans. *El Llanero Solitario* en el Canal 7. Los sábados veíamos dibujos animados durante horas —*Beany and Cecil, Crusader Rabbit, El Pájaro Loco*— y un espectáculo con marionetas llamadas Kukla, Fran y Ollie. Me sentaba en la alfombra del cuarto de estar y veía a Captain Video despegar en su nave espacial, y vi cómo Ramar of the Jungle liquidaba a miles de salvajes.

Recuerdo a Elvis Presley en el programa de Ed Sullivan y a mi hermana Sue volviéndose loca en el salón, saltando arriba y abajo. Él tocaba una guitarra enorme y no dejaba de mover las caderas, pero por alguna razón solo mostraban la parte superior del cuerpo. Mi madre estaba sentada en el sofá con las manos cruzadas sobre el regazo, como si rezara; mi padre estaba en la otra habitación y decía que en la iglesia habían advertido ese domingo que ver a Elvis Presley podía hacernos caer en el pecado.

Amaba entonces a Dios sobre todas las cosas, y le rezaba, rezaba a la Virgen María, a Jesús y a todos los santos para poder ser un buen niño y un buen estadounidense. Todas las noches, antes de irme a dormir, me arrodillaba ante la cama, hacía la señal de la cruz y me tapaba la cara con las manos, a veces rezaba tanto que llegaba a llorar. Pedía todas las noches ser lo suficientemente bueno como para poder jugar en las grandes ligas algún día. Con Dios, todo era posible. Hice la primera comunión con un sombrero de vaquero en la cabeza y dos pistolas de seis tiros en las manos.

Los sábados por la noche, la señora Jacket nos llevaba a que nos confesáramos. Hacíamos cola para contarle al sacerdote nuestros pecados y luego salíamos de la iglesia sintiéndonos renovados y en paz con Dios y con el mundo. Luego, los domingos, papá, el resto de los chavales y yo íbamos a la iglesia. La iglesia era un lugar grande. Era el lugar más enorme que había visto en mi vida, con gente muy tranquila bien sentada y murmurando cosas. Y recuerdo aquel olor, y ver al sacerdote que iba de un lado para otro detrás del altar, diciendo cosas que nunca entendíamos.

Y recuerdo los cómics de los domingos, y a papá preparando grandes desayunos con patatas fritas y huevos, empapuzándonos y haciendo que nos sintiéramos reconfortados y buenos. Después del desayuno leía cómics en color sentado en la alfombra del salón. Leía a Dick Tracy y Beetle Bailey, Dagwood y Blondie, Terry y los Piratas, El Príncipe Valiente y el Pato Donald, Dondi y Mickey Mouse, Bugs Bunny, Uncle Scrooge y Gasoline Alley.

Mi padre era inspector en A&P. Trabajaba mucho. Era como un tornado, siempre en movimiento. Los brazos grandes y fuertes, rastrillaba las hojas del patio o levantaba nuevas habitaciones en casa. Un verano recuerdo haber claveteado el techo con él y sentirme orgulloso de estar allí con él haciendo ese trabajo. A veces, se enfadaba porque no hacíamos nada, no limpiábamos, o simplemente fingíamos trabajar. Parecía importante estar en movimiento cuando él estaba cerca, y parecer ocupado si no tenías nada que hacer.

Los niños del barrio y yo nunca nos estábamos quietos, como si no hubiera un mañana. Cortábamos las escobas de nuestras madres, dejábamos la parte de las cerdas en el sótano y nos llevábamos los palos a Hamilton Avenue para jugar al *stickball.* Lanzábamos pelotas Spalding que botaban mucho, durante horas, del tejado de Kenny hasta el seto del pequeño Tommy Law. Golpeábamos pelotas de goma que iban sin control y gritábamos *«¡eggball, eggball!»* para ver si el del palo podía pillar alguna. Quien golpeara la pelota más allá del segundo poste telefónico, pasada la camioneta del padre de Kenny, o por encima del seto de Tommy Law, hacía un *home run.* Jugábamos por la noche, en primavera y en verano, hasta que oscurecía y la única luz que quedaba en Hamilton Avenue era la que daba la farola de la calle.

Coleccionábamos los cromos Topps de béisbol con nuestros jugadores favoritos, los intercambiábamos, y jugábamos con ellos en el Turner's Bar.

En primavera, íbamos a buscar lombrices y luego a pescar con Bobby Zimmer. Creé un código morse con Castiglia y utilizaba los cables del telégrafo hasta su casa. Hicimos experimentos científicos con su equipo de química y Bobby y yo jugábamos al escondite en los atardeceres de verano cuando mamá iba a buscar la ropa al tendedero. Y, cuando oscurecía, mi hermana Sue y yo cazábamos luciérnagas con frascos de vidrio.

En otoño, jugábamos al fútbol americano en las calles y rastrillábamos las hojas, que pasado el verano se volvían marrones y caían de los árboles. Todos, nosotros y nuestros padres, las barríamos, las amontonábamos y las metíamos en cubos metálicos al lado de casa; las quemábamos y observábamos las brasas brillantes arremolinarse empujadas por el viento. Y los árboles volvían a estar desnudos en el patio como cada otoño, como cada invierno, y refrescaba el aire y luego venía el frío y veríamos hielo en los charcos de las calles.

Volvíamos a la escuela, que para mí siempre fue una experiencia aterradora. Nunca pude entender de qué iba aquello. Recuerdo que una vez llamaron a mi madre y le dijeron que había estado mirando por la ventana. Intenté prestar atención y me senté en la silla detrás del escritorio, como me dijeron, pero seguí mirando por la ventana los árboles y el cielo. Era duro esperar hasta el último día del curso, cuando todos salíamos corriendo de las aulas, saltando, lanzando los libros al aire, cantando y gritando:

—¡No más lápices, no más libros, no más profesores pelmazos!

Éramos libres. Y entonces empezaban otras vacaciones de verano en el barrio.

Cuando caía la primera nevada, sacábamos los trineos del sótano y nos deslizábamos sobre capas de hielo en Lee Place, frente a la casa de Richie. Hacíamos peleas de bolas y construíamos fuertes y muñecos de nieve. Castiglia, Bobby Zimmer y yo solíamos agarrarnos a los parachoques traseros de los coches y ver hasta dónde podíamos deslizarnos por la calle. Kenny y yo nos escondíamos en Parkside Woods y lanzábamos bolas de hielo a los coches que pasaban por el bulevar, luego enganchábamos a Bobby, a Pete y al resto de los amigos e íbamos a Suicide Hill, una colina tremendamente empinada junto al bosque, helada y resbaladiza como el cristal. Había un árbol al final y teníamos que evitarlo. Bobby y yo nos íbamos directamente hacia él y, poco antes de chocar, yo golpeaba la barra de dirección con el pie, saltaban esquirlas de hielo, y esquivaba el tronco por muy poco. Luego, ambos bajábamos del trineo y rodábamos colina abajo uno sobre el otro, dando vueltas y vueltas, entre risas en medio del remolino de nieve. Hicimos guantes para el invierno con los calcetines de nuestros padres, hacíamos bolas de nieve con ellos hasta que se empapaban, se congelaban, se nos entumecían los dedos y teníamos que quitarnos los guantes. Me encantaba cuando nevaba, y a mis amigos también.

Todos los sábados por la tarde íbamos al cine del centro comercial y veíamos gigantescas aves prehistóricas que escupían fuego, y películas de guerra con John Wayne y Audie Murphy. La madre de Bobby siempre nos daba una bolsa llena de dulces. Nunca olvidaré a Audie Murphy en *Regreso del infierno.* Al final, se sube a un tanque en llamas que está a punto de explotar y agarra la ametralladora y se pone a disparar contra las líneas alemanas. Era tan valiente que sentí escalofríos, y deseé ser yo quien estuviera en el tanque. Estaba rodeado de llamaradas, pero no dejaba de disparar la ametralladora. Es la mejor película que he visto en mi vida.

Castiglia y yo vimos juntos *Arenas sangrientas.* El himno del Cuerpo de Marines sonaba de fondo y nos dejaba clavados en los asientos. Tarareábamos el himno juntos y veíamos al sargento Stryker, interpretado por John Wayne, ascender por la colina y morir poco antes de llegar a la cima. Y luego aparecían los soldados que clavaban la bandera en Iwo Jima con el himno de los marines que no paraba de sonar, y Castiglia y yo llorábamos. Me encantó la canción y cada vez que la escuchaba pensaba en John Wayne y en los valientes hombres que izaron la bandera en Iwo Jima aquel día. Lloraba cada vez que pensaba en ellos. Como Mickey Mantle y los fabulosos Yankees de Nueva York, John Wayne en *Arenas sangrientas* se convirtió en uno de mis héroes.

Volvíamos a casa e inventábamos películas como las que acabábamos de ver o las que pasaban por la televisión noche tras noche. Utilizábamos los juguetes navideños: las ametralladoras y granadas Matty Mattel, los soldaditos verdes de plástico con pistolas y lanzallamas. Mis favoritos eran los que tenían bazucas. Abrían brechas en las líneas enemigas. Los aniquilaban a diez metros, encima de la mesilla de café. Se atrincheraban en la parte delantera del jardín y sobrevivían a innumerables ataques de artillería. Se quemaban con el líquido para los mecheros, con alto contenido de propano y un cuarto de galón de gasolina, o eran arrojados a los terribles incendios hechos con las hojas del otoño, que los hacían saltar en mil pedazos.

Los sábados, después del cine, íbamos a Sally's Woods: Pete, Kenny, Bobby y yo, con ametralladoras de plástico alimentadas por pilas, pistolas de fogueo y palos. Convertíamos el bosque en un campo de batalla. Organizábamos emboscadas y luego lanzábamos asaltos arriesgados, queríamos conquistar la cima, atacábamos con bayonetas y disparábamos a cualquiera que se interpusiera en nuestro camino. Luego, salíamos del bosque como los héroes que sabíamos que íbamos a ser cuando fuéramos hombres.

El ejército tenía un programa en el Canal 2 llamado *The Big Picture* y, cuando terminaba, Castiglia y yo nos arrastrábamos por el patio trasero jugando a militares con nuestras armas. En verano, hacíamos incursiones como las de los comandos en el complejo de viviendas de Ackerman; disparábamos contra el enemigo inventado que creíamos tener delante, tirábamos bombas hechas de tierra y piedras a las ventanas, inventábamos explosiones como las de las granadas de mano y, luego, cargábamos con las ametralladoras Matty Mattel. Vendé al alemán, que todavía estaba vivo, e hice que Castiglia lo interrogara mientras yo lanzaba un par de granadas más, pues había aún alemanes que matar. Participamos juntos en innumerables misiones y patrullas por el patio trasero; atacamos Ackerman con todo lo que teníamos, desde bazucas hasta lanzallamas y bates de béisbol. Estudiamos el manual del Cuerpo de Marines y Richie trajo algunos folletos muy bonitos con marines de aspecto muy elegante en las portadas. Los leíamos en el sótano de casa durante horas y, así como soñamos con jugar con los Yankees algún día, soñamos con convertirnos en marines de Estados Unidos e ir a la guerra. Hicimos la solemne promesa de que el día que cumpliéramos diecisiete años iríamos a la caja de reclutas de los marines en el centro comercial de Levittown y nos alistaríamos en el Cuerpo de Marines de Estados Unidos.

Nos unimos a los scouts, dentro de la rama de los lobatos, y desfilamos el Día de los Caídos. Hicimos planes de contingencia para la Guerra Fría y construimos refugios atómicos con los briks de la leche. Llevábamos trajes y cascos espaciales. Hicimos cohetes con cajas de cartón. Y un sábado por la tarde, en el sótano, Castiglia y yo fuimos a Marte con el sofá que habíamos convertido en nave. Leíamos libros sobre la Luna y Wernher von Braun. Y la gente del vecindario vio cómo empezaba algo llamado carrera espacial. En una fría noche de octubre, papá y yo vimos el primer satélite, el Sputnik, moverse por el cielo como una pequeña estrella brillante. Todavía recuerdo estar allí con papá mirando con asombro aquella cosa que se movía en el cielo de Massapequa. Era difícil creer que esa cosa, el Sputnik, estuviera tan arriba y se moviera tan rápido alrededor de la Tierra, una y otra vez.

Aquella noche, papá me puso la mano en el hombro y, sin decir nada, entré silenciosamente en casa, fui a mi habitación pensando que los rusos iban por delante de Estados Unidos en el espacio y me pregunté por qué ni siquiera éramos capaces de hacer que un cohete despegara.

Tengo la sensación de que durante todo el curso no hablamos más que de cohetes y de cómo se soltarían los propulsores y se ubicarían los satélites en el espacio exterior. Me hice con todos los libros que pude encontrar sobre cohetes y sobre el espacio y los leí durante horas en la biblioteca, completamente fascinado por los dibujos, los telescopios y los mapas celestes. Me regalaron un cohete increíble por Navidad al que había que bombearle agua comprimida. Le sacaba el seguro de plástico y lo hacía llegar volando al césped de Castiglia y luego volar por Hamilton Avenue dejando un reguero de agua que salía a chorro. Castiglia y yo solíamos pegar papel de aluminio que sacábamos de la cocina de mamá en la parte superior del cohete de plástico y luego poníamos hormigas y gusanos en la cápsula, y un mensaje secreto en un papel. Lanzamos cientos de cohetes aquel año. Aunque ninguna de nuestras cápsulas se puso en órbita como el Sputnik, nos divertimos mucho intentándolo.

Recuerdo que en la primavera de aquel año toda la clase fuimos a la ciudad de Nueva York y vimos la película *La vuelta al mundo en ochenta días* en una pantalla enorme que nos hizo sentir a todos como si estuviéramos allí dentro, en el globo que giraba alrededor del mundo. Después de ver la película fuimos al Museo de Historia Natural, donde Castiglia y yo caminamos contemplando los enormes dinosaurios prehistóricos de millones de años atrás, estudiamos los fósiles que había dentro de las grandes vitrinas y nos preguntamos cómo habría sido vivir en aquel tiempo. Después del museo nos llevaron al planetario Hayden, donde toda la clase de sexto curso se reclinó en sillas especiales para mirar hacia la cúpula donde un proyector que parecía una enorme mantis religiosa mecánica nos mantenía absortos en un cielo lleno de lluvias de meteoritos, cometas y galaxias que parecían tremendas tormentas de nieve arremolinándose en la completa oscuridad de la increíble cúpula. Aquella tarde enseñaban el origen de la Tierra, y estábamos sentados en butacones y soñábamos con caminar por la Luna algún día, o con ir a Marte para descubrir si realmente había vida allí. Y aventurarnos más y más por el espacio, cada vez más lejos, sobrepasar las barreras del tiempo y alcanzar lugares y sueños que apenas podíamos empezar a imaginar. Cuando subimos al autobús escolar y ya estábamos todos sentados, el señor Serby, el profesor de sexto, se dio la vuelta y con voz calma nos dijo que algún día los hombres caminarían por la Luna, y que probablemente mientras viviéramos, dijo, sí, íbamos a poder verlo.

Tratábamos aún de alcanzar a los rusos cuando oí en la radio que Estados Unidos iba a intentar lanzar su primer satélite, el Vanguard, al espacio. Aquella noche, en la pantalla del televisor, mamá, papá, yo y el resto de los niños miramos aquel largo cohete con forma de lápiz despegar al final de la cuenta atrás. Al principio, se movió lentamente. Y luego, casi como en cámara lenta, explotó; una tremenda bola de fuego en la plataforma de lanzamiento. Apenas se había levantado del suelo, y aquella noche lloré en el salón. Lloré al ver lo del Vanguard en las noticias de la noche con mamá y con todos los demás. Había sido un día triste para nuestro país, pensé, un día triste para Estados Unidos. Habíamos fracasado en el primer intento de poner un satélite en órbita. Volví lentamente a mi habitación. Estábamos perdiendo, pensé, estábamos perdiendo la carrera espacial y Estados Unidos ya no iba a ser el primero.

Cuando finalmente llegamos al espacio, ya iba al instituto, y en mitad de la clase el altavoz nos interrumpió y el director, con voz muy seria, nos dijo que algo muy importante estaba a punto de pasar. Habló de la historia y de lo importante que era ese día, de cómo Estados Unidos finalmente iba a lanzar su primer satélite y lo recordaríamos durante mucho tiempo.

Hubo una larga cuenta atrás con los chavales sentados en el borde de las sillas y los oídos pendientes de la radio. Y entonces el cohete empezó a despegar desde la plataforma de lanzamiento. Se oía de fondo el tremendo rugido de los motores del cohete y un tipo gritaba, como Mel Allen, que el cohete estaba despegando.

—¡Despega! ¡Despega! —gritaba como un loco.

Los niños guardamos silencio durante unos segundos, tensos en las sillas, esperando a ver si el cohete lo lograba o no; luego, la sala estalló en vítores y aplausos. ¡Estados Unidos lo había conseguido! Habíamos puesto nuestro primer satélite en el espacio.

—¡Lo hemos conseguido, lo hemos conseguido! —gritaba aquel tipo a pleno pulmón.

Finalmente, Estados Unidos empezaba a alcanzar a los rusos y cada mañana, antes de ir a la escuela, veía en la televisión *I Led Three Lives,* que trataba sobre un tipo que iba con los comunistas, pero que en realidad trabajaba para nosotros. Y recuerdo haber pensado en lo valiente que era, que arriesgaba su vida por su país, se hacía pasar por comunista sin dejar de estar de nuestro lado, les sacaba información para poder evitar que los rusos se hicieran con el poder. Parecía un hombre muy serio, tenía esposa y un hijo y asistía a reuniones secretas, llamaba «camaradas» a sus amigos en voz baja y hablaba escondido detrás de periódicos en los bancos de los parques.

Los comunistas estaban por todos lados en aquel entonces. Y si ya no iban por delante en la carrera espacial, Castiglia y yo estábamos seguros de que se estaban infiltrando en las escuelas, de que trataban de apoderarse de las clases y controlar nuestras mentes. Ambos estábamos seguros de que uno de nuestros profesores era un agente comunista y prometimos informar en la siguiente reunión secreta del club de lo que dijera en la próxima clase de historia. Lo vigilábamos con mucha atención aquel año. Una tarde nos dijo que China algún día tendría mil millones de habitantes.

—¡Mil millones! —dijo apretando fuertemente el puño—. ¿Sabéis lo que eso significa? —mirando por la ventana del aula—. ¿Sabéis lo que eso va a suponer? —casi en un susurro. No llegó a terminar la frase, y por eso Castiglia y yo estábamos definitivamente convencidos de que era comunista.

Por esa época comencé a hacer flexiones en mi habitación y a apretar pelotas de goma hasta que me dolieran los brazos; quería fortalecer mi cuerpo todo lo posible. Me fascinaban los anuncios de hombres musculosos al principio de las historietas de Superman, que mostraban cómo un tipo flaco podía transformarse de la noche a la mañana en algo parecido a un tanque, y cada día aumentaba la cantidad de flexiones, cada vez más decidido a tener un cuerpo fuerte y saludable. Me musculaba frente al espejo durante horas, me medía los bíceps todos los días con una cinta y hacía brazos en una barra que tenía en la puerta de mi habitación antes de ir a la escuela. Yo era un chico bajo por aquel entonces, y solía hacer muescas con una moneda de un centavo en la puerta de la habitación, pequeños rasguños para anotar lo que medía y ver si había crecido pasada una semana.

—El cuerpo humano es algo asombroso —nos dijeron los entrenadores ese otoño cuando comenzamos el instituto—. Es una máquina extraordinaria y hermosa que te durará toda la vida si la cuidas bien.

Y les hicimos caso, trabajamos y entrenamos nuestros cuerpos jóvenes hasta hacerlos fuertes y rápidos.

Me uní al equipo de lucha del instituto, entrenábamos y hacíamos ejercicio todos los días en el sótano de la escuela secundaria de Massapequa. Los entrenadores nos obligaban a hacer abdominales, flexiones y multisaltos hasta que el sudor nos bañara la cara y faltase poco para que nos desmayáramos.

—Querer ganar y querer ser los primeros, eso es lo importante —nos decían los entrenadores—. Juega limpio, pero juega para ganar —insistían.

Nos entrenaban cada vez más duramente hasta que pensábamos que no podíamos soportarlo, y gritaban y gritaban para que siguiéramos adelante y superáramos el dolor y la fatiga física.

—¡Más!, ¡más! —gritaban—. ¡Si quieres ser el mejor, tienes que trabajar duro! Tendrás que llevar tu cuerpo mucho más allá de los límites que crees tener. ¡La victoria tiene un precio! Siempre puedes llegar más lejos de lo que crees.

Los entrenamientos de lucha terminaban todos los días con carreras de velocidad, en los pasillos del sótano, que nos dejaban sin aliento. Llegábamos a las duchas derrotados por el dolor y, a decir verdad, a veces me preguntaba qué estaba haciendo allí, eso lo primero, y por qué aceptaba soportar todo eso.

El entrenador de lucha libre demostraba mucha dedicación y hacía entrenamientos todos los días de la semana, incluidos sábados y domingos, e incluso recuerdo haber entrenado una vez el día de Acción de Gracias. Quedé primero en el torneo navideño de lucha. Todavía tengo una foto en uno de los viejos álbumes que hay en el ático. Salgo con dos tipos que sostienen un cartel con la palabra «CAMPEÓN». Gané la mayoría de los combates aquel año. Cuando perdía, lloraba como cuando perdía los partidos de la liga juvenil y me subía al autobús y regresaba a Massapequa con lágrimas en los ojos, a veces sin decirle nada a nadie durante horas.

Yo era muy tímido entonces y soñaba con tener novia, o simplemente alguien que me tomara de la mano. Aunque estaba en el equipo de lucha libre y había ganado todos esos combates y llevaba un suéter con una gran M, soñaba con el día en que pudiera tener una novia, como todos. Quería que otros jóvenes como yo me levantaran en brazos y me sacaran del campo por haber anotado el *touchdown* ganador, o ganar el combate de lucha libre que hiciera campeona a mi escuela.

Quería ser un héroe.

Quería que me miraran y hablaran de mí en los pasillos.

—¡Mira —diría uno de los pequeños—, ahí está Kovic!

Yo, el gran atleta silencioso, el que nunca decía nada, que caminaba por los pasillos del instituto de Massapequa, que respiraba profundamente y bombeaba sangre a los brazos.

—Ahí está Kovic —diría una guapa alumna de primero—, ¡qué mono es!

Y, mientras caminaba por los pasillos llenos de gente, estaba convencido de que todos se fijaban en mí, veían mis medallas, mis distintivos, miraban mis espaldas de luchador.

Y fue también durante mi primer año de instituto que empecé a tener granos en la cara. Recuerdo volver a casa de clase y verme en la frente lo que parecía una tremenda espinilla. Estaba exactamente en el centro de la frente y era igual a las cosas que llenaban la cara de mi hermana Sue. Cuanto más me miraba al espejo, más miedo me daba. Stevie Jacket tenía la cara cubierta de esas cosas; era el caso más grave que había conocido en mi vida. En el gimnasio lo vi una vez en las duchas, y la cara y el cuello, los brazos y la espalda, el cuerpo entero lo tenía cubierto de puntos negros y blancos y miles de granos. Y ahora me tocaba a mí, venían a mí igual que a Stevie Jacket y a mi hermana. Allí estaba, frente al espejo, una maldita espinilla, y después de mirarla durante casi una hora, todavía no sabía qué hacer. Me acordé de una niña de sexto que tenía la cara plagada y parecía como si alguien la hubiera golpeado con un rastrillo. Era horrible y ella solía ponerse una asquerosa crema transparente para tratar de ocultarlo, pero era peor.

Busqué en el botiquín la pequeña cosa de metal que usaba mi hermana, un instrumento con pequeñas aberturas en cada extremo, que se suponía que debías presionar contra los granos y extirparlos para siempre. Así que presioné contra el punto negro con mucha fuerza, como si fuera a arrancarme la cabeza, hasta que finalmente salió del poro como un pequeño punto blanco. Utilicé aquello todo el año, y finalmente me di por vencido y compré la porquería transparente y empecé a ponérmela en la cara yo también.

Fue casi al mismo tiempo que empezaron a salirme unos feísimos pelos sobre el labio y en las axilas. Todas estas cosas pasaban a la vez y no podía detenerlas, no importaba cuánto lo intentara, sucedían. Una noche me puse un poco de Nair en la pelusilla porque uno de los chicos del campamento de los boy scouts había dicho que si te afeitabas con navaja crecía el doble de rápido. Así que me puse esa cosa que encontré en el armario, era lo que se suponía que se usaba para quitar el vello de las piernas. Bueno, me lo puse debajo de la nariz y esperé aproximadamente una hora y luego lo limpié, dejando un gran sarpullido rojo. Parecía un enorme bigote rojo y fui toda la semana a clase con un pañuelo, tratando de ocultarlo, como si estuviera muy resfriado. Casi todo el año lo pasé así, con granos por toda la cara, y cuando llegó la primavera empezaron a suceder todo tipo de cosas difíciles de soportar.

Sentí cosas extrañas en lugares en lo que nunca antes había reparado. Esa parte de mí que había estado ahí como todo lo demás ahora comenzaba a ponerse dura cada vez que miraba a una chica. Nunca había sentido algo así. Esa cosa, mi pene, se ponía dura cada vez que veía a las bailarinas del programa *American Bandstand* o veía a otras chicas por la calle. Soñaba con ellas por las noches. Me despertaba por las mañanas con la sábana empapada. Al principio me sentía culpable. De hecho, pensé que era pecado el simple hecho de soñar, de pensar, de mirar. Pero una tarde me masturbé. Y me gustó. Me gustó tanto que volví a hacerlo en adelante, una y otra vez, con ositos de peluche en la cama como si fueran Marilyn Monroe, en la bañera, en el sótano con el agujero lateral de la mesa de billar hasta diecisiete veces, en el patio trasero contra los árboles. Lo hacía en todas partes. Y, por más que lo intentara, no podía parar. Al poco, la cosa se puso tan fea que empecé a rezar el acto de contrición después de hacerlo. Le pedía a Dios que me perdonara, pero luego no era capaz de entender por qué le pedía a Dios que me perdonara por hacer algo que me gustaba tanto.

Por alguna razón, mamá y yo no nos llevábamos bien entonces. Me mandaba a la habitación castigado casi todas las noches después de cenar. «¡Dúchate!, limpia tu cuarto, saca la basura…». Siempre andaba con alguna cantinela de esas, y después de bregar con mamá en la cocina y recibir golpes con la rasera, me iba a mi cuarto maldiciéndola en voz baja mientras ella gritaba:

—¡Dios te va a castigar, Ronnie, Dios te va a castigar!

Más tarde, venía a mi cuarto y me decía que lamentaba haberme gritado y yo le daba un gran abrazo y le decía que yo también lamentaba haberla hecho enfadar tanto.

Mamá siempre quiso que yo fuera el mejor en todo lo que hiciera, especialmente en la escuela.

—Si suspendes alguna asignatura este año —me decía— no te dejaremos hacer deporte.

Yo le decía que trataba de hacerlo lo mejor posible, pero solo pensaba en el béisbol y, en lugar de los deberes, por las noches leía todos los libros de deporte que podía conseguir. Ensayaba durante horas con el bate ante el espejo de la habitación. Quería jugar en los Yankees de Nueva York más que cualquier otra cosa en el mundo.

Me apunté al equipo de atletismo en primavera. Quería ser el mejor saltador de pértiga en la historia del instituto y por eso me entrenaba todos los días hasta el anochecer en las espalderas y las barras que papá había construido el verano anterior en el patio trasero. Recuerdo a mamá que me animaba desde la cocina y encendía las luces del porche para que pudiera entrenar un rato más. Me encantaban las espalderas, y cuando mi hermano Tommy regresaba de la escuela, entrenábamos juntos. Llamábamos a mamá y a papá para que vieran los ejercicios: hacíamos el pino juntos, pegando espalda con espalda.

—¡Los increíbles Kovic! —le gritaba a mamá—. ¡Damas y caballeros, los increíbles Kovic están a punto de realizar sus famosas actuaciones que desafían a la muerte!

Los recuerdo a ambos de pie, cerca, con orgullo en los ojos mientras girábamos y nos balanceábamos en las barras. Movía el cuerpo hacia adelante y hacia atrás, hacia adelante y hacia atrás, hasta que me colocaba en la postura correcta y el cuerpo formaba un arco perfecto. Miraba alrededor, mantenía la postura todo lo que podía; luego, me balanceaba y con un giro de gimnasta aterrizaba con los pies descalzos. Era perfecto, me decía a mí mismo, hermoso, sencillamente hermoso.

Yo era un atleta nato y no había casi nada que no pudiera hacer con mi cuerpo. Estaba orgulloso y seguro de mí mismo, y desplegaba energía continuamente. Sabía lo que era caminar y correr, y me encantaba. Después de subir por las cuerdas en el gimnasio del colegio, salía a la pista. Recuerdo la sensación de correr con la larga y liviana pértiga de fibra de vidrio y pisar descalzo la pista negra. Incluso en las competiciones saltaba sin zapatillas. Recorría la larga pista hacia el foso, con la elegante pértiga que vibraba suavemente arriba y abajo entre las manos y con la cara llena de determinación. Clavaba la pértiga en el cajetín, me balanceaba como un péndulo, pateaba luego hacia arriba, me daba la vuelta, sobrepasaba el listón por centímetros y caía de espalda en las colchonetas, sin dejar de mirar el listón, que seguía en su sitio.

A medida que crecía, mamá bromeaba mucho porque no me interesaban las chicas, pero yo soñaba con ellas todo el rato. Pensaba constantemente en Joan Marfe, la chica que se había sentado a mi lado en sexto, pero era demasiado tímido para pedirle una cita.

Había oído a un sacerdote en una especie de conferencia en la iglesia advertirnos de cómo algo llamado «caricias» podía llevarnos al pecado. Besarse estaba bien, dijo el sacerdote con voz seria, pero las caricias, o las caricias descaradas, casi siempre conducían al sexo, y el sexo, dijo, era pecado mortal. Recuerdo haberlo oído aquel día y prometerme a mí mismo y prometerle a Dios que nunca intentaría acercarme demasiado a una chica. Quería hacer todas las cosas que los chicos susurraban en la sala de estudio, pero no quería ofender a Dios. Ni siquiera fui al baile de graduación. Únicamente quería ser un gran atleta y un buen católico y, tal vez un día, sacerdote o jugador de las grandes ligas.

En la primavera del año que me gradué escribí una carta a la dirección de los Yankees de Nueva York diciéndoles que daría cualquier cosa en el mundo por que me hicieran una prueba en el estadio. Arlene, la hermana de Castiglia, la pasó a máquina y durante semanas caminé aturdido esperando una respuesta, soñando despierto con cómo papá y Castiglia me acompañarían a la estación de ferrocarril de Long Island ese día, me estrecharían la mano y me desearían suerte. Los miraba y golpeaba con el puño el nuevo guante de béisbol:

—Lo conseguiré. No lo dudes, Castig. Lo conseguiré.

Luego, hecha la prueba, llegaba el gran momento en el que uno de los entrenadores se me acercaba y me decía:

—Bien, Kovic, lo has hecho muy bien. Creemos que tienes condiciones.

No ocurrió así. Aunque finalmente el correo trajo la carta de los Yankees y corrí a casa de Castiglia gritando que me iban a hacer la prueba, me acobardé cuando llegó la mañana de ir a la estación. Decidí que, después de todo, no quería ir. Richie y Bobby Zimmer me lo echaron en cara durante semanas y lamenté haberles contado lo que quería hacer. No dejé de jugar, pero era diferente. Pensaba en otras cosas, en cosas que quería ser de mayor.

Llegó el otoño y pareció que los chicos del barrio se hubieran hecho mayores. En los pasillos del instituto todavía nos dábamos la vieja señal del Woodchuck Club que habíamos pactado en sexto: poníamos las manos debajo de la barbilla, movíamos los dedos hacia arriba y hacia abajo, y decíamos «Marmota, marmota». Era una tontería, pero nos mantuvo unidos. E íbamos de clase en clase esperando que terminara pronto para poder volver a casa y jugar al fútbol en la calle después de los deberes. Aun así, todo era ya diferente. Castiglia aún decía que quería ser sacerdote o alistarse en los marines, pero ya no nos veíamos mucho. Bobby Zimmer me dijo una tarde que Richie se dejaba crecer el pelo y fumaba con Peter Weber en un túnel de cemento abandonado en el bosque.

Bobby también se había dejado crecer el pelo. Mi madre decía que llevaba un tupé como el de Elvis Presley. Siempre que lo veía por los pasillos iba con una chica guapa al lado, y fue el primero de los chicos del barrio que tuvo carnet de conducir. Yo era tímido con las chicas. Mientras esperaba en la parada del autobús todas las mañanas con Kenny y Mike Lamb, Bobby Zimmer pasaba por delante y tocaba la bocina del coche y conducía con un brazo sobre los hombros de su novia. Doblaba por la esquina de Hamilton Avenue y se alejaba rugiendo por Broadway hasta el instituto, dejándonos al resto todavía dando saltos en la parada del autobús para entrar en calor. Peter Weber y Castiglia también iban en coche al colegio, y tenían nuevos amigos.

Recuerdo que, durante mucho tiempo, Mike y Bobby Zimmer fueron mucho más altos que Castiglia y que yo. Luego, de repente, yo era más alto que ellos. Estábamos espalda contra espalda en casa de Kenny mientras su madre comprobaba quién era el más alto y, para los más jóvenes, Castiglia y yo, era una pasada ser más altos que los demás. Cuando no pasábamos el rato queriendo saber quién era el más alto, salíamos al jardín y jugábamos a lucha libre.

Stevie Jacket aún jugaba con destornilladores en el jardín que tenía frente a la casa de Pete en Hamilton Avenue cuando nos contó que iba a convertirse en locutor deportivo de televisión como Mel Allen, y Pete venía a mi casa aún de vez en cuando después de la escuela para robar la cerveza que mi padre tenía en el garaje. El pequeño Tommy Law salía con Billy Meyers, intentaba no meterse en jaleos y quería graduarse en el instituto como los demás.

La época del instituto estaba a punto de terminar para mí y para los amigos del barrio. Habíamos estado juntos durante casi doce años, corriendo y recorriendo Toronto Avenue hasta Lee Place y Hamilton Avenue. Nadie podía recordar cuándo fue la primera vez que nos juntamos, pero nos habíamos hecho amigos, «tan buenos amigos como verdaderos hermanos», me dijo Pete una tarde, y queríamos creer que siempre sería así.

El presidente Kennedy fue asesinado mientras jugábamos al fútbol entre los enormes ventisqueros que se habían acumulado en las calles de Long Island esa tarde. Jugábamos en silencio, imagino que porque se supone que hay que estar en silencio cuando alguien ha muerto. Realmente fue como si hubiese perdido a un amigo al que quería. Estuve profundamente triste durante mucho tiempo. Aquel domingo fuimos al cine. No recuerdo lo que ponían, pero me avergonzaba estar allí, que la gente pudiera sentarse a ver una película o tener el descaro de querer ir a los partidos de fútbol cuando nuestro presidente había sido asesinado en Dallas. El dolor me acompañó durante mucho tiempo. Todavía recuerdo cuando le dispararon a Oswald y le grité a mi madre que viniera a ver la televisión. Todo resultaba salvaje, una locura, como un tiroteo en Texas, pero nos parecía muy real; era real. Recuerdo el juramento de Johnson en el avión y el miedo en los ojos de la jueza de Texas. Y luego el funeral y el ataúd. Creo que todos nosotros, todo el país, lo vimos como si fuera un gran partido de fútbol. Aparecieron los caballos negros por la avenida y el hijo del presidente saludó de aquella manera, era un saludo perfecto. Poco después del asesinato apareció una fotografía conmemorativa, y la pusieron en la tienda de chucherías que había en el barrio. El pie de la foto decía que había nacido en 1917 y había muerto en 1963. Estuvo en la pared de la tienda de chuches durante mucho tiempo, incluso después de que todos nos fuésemos a la guerra.

Aquella primavera, antes de graduarme, mi padre me llevó al centro comercial de Levittown y me consiguió mi primer trabajo. Fue en una tienda de ultramarinos, no lejos de la caja de reclutas de los marines. Trabajaba apilando cosas en las estanterías, y se me dormían los dedos y las manos de tanto descargar alimentos congelados de los camiones. Mientras trabajaba con Kenny después de clase, lo único en lo que podía pensar, día tras día, era en unirme a los marines. Me dolían las piernas y la espalda, pero sabía que iba a acabar pronto y que me iría de casa.

No quería ser como mi padre, que volvía tarde a casa de A&P cada noche. Era un hombre fuerte, un buen hombre, pero aquel trabajo lo agotaba y le consumía todas las fuerzas. No quería ser así, trabajar en la apestosa A&P seis días a la semana, doce horas al día. Quería ser alguien. Quería hacer algo importante en mi vida.

Crecía, me hacía mayor, tenía diecisiete años, y me miré en el espejo que había detrás de la puerta de mi habitación y vi lo alto y lo fuerte que me había vuelto de repente. Respiré hondo, flexioné los músculos, me miré directamente en el espejo, me puse de perfil, me miré un buen rato.

Cuando faltaba un mes para que acabaran las clases, los reclutadores de la Marina vinieron y hablaron con los mayores. Entraron con perfecto aire marcial y los uniformes de gala azul y los zapatos impecablemente lustrados. Fue como si todas las películas, todos los libros y todos los sueños de convertirse en un héroe se hicieran realidad. Los miré y escuché mientras permanecían de pie ante nosotros, casi como estatuas y no como hombres de carne y hueso. Hablaban con voz poderosa y uno de ellos era alto y el otro bajo y parecía muy fuerte.

—Buenas tardes, muchachos —dijo el marine alto—. Hemos venido porque nos dijeron que algunos de ustedes quieren ser marines.

Nos explicó que los marines solo aceptaban a los mejores, que si alguno de nosotros creía no ser lo suficientemente bueno, ni pensara en alistarse. El marine alto habló muy bien sobre la apasionante historia del Cuerpo y cómo nunca habían perdido una batalla y Estados Unidos nunca había sido derrotado.

—Los marines han sido los primeros en todo, los primeros en luchar y los primeros en defender el honor de nuestra patria. Hemos servido en costas lejanas y en casa, y siempre hemos acudido cuando nuestro país nos ha llamado. No hay nada más excelente ni más orgulloso que un marine de Estados Unidos.

Cuando acabaron, recogieron eficientemente sus papeles y casi desfilaron por las escaleras del escenario hasta donde habían empezado a agolparse un grupo de chavales. No podía esperar: corrí tras ellos, me acerqué y les estreché la mano. Y mientras les estrechaba la mano y los miraba a los ojos, no pude evitar sentir que estrechaba la mano de John Wayne y Audie Murphy. Ese día nos dijeron que el Cuerpo de Marines formaba hombres en cuerpo, mente y espíritu. Y que podríamos servir a nuestro país como el joven presidente nos había pedido.

Íbamos a seguir caminos diferentes y teníamos toda la vida por delante y un millón de sueños, cada cual el suyo. Todavía recuerdo el último partido de *stickball.* Me paré en la base, el sol me daba en la cara y miré a Richie, a Pete y a los demás. Fue nuestro último verano juntos y el último partido de *stickball* que jugamos en Hamilton Avenue.

Un día de aquel verano dejé el trabajo en la tienda de ultramarinos y me acerqué al pequeño puesto rojo, blanco y azul en Levittown. Fui con mi padre. En septiembre acabamos con el papeleo, septiembre de 1964. Una mañana me subiría al tren y me convertiría en marine.

Apenas dormí la noche antes de partir, me quedé viendo la última película que daban por televisión. Luego, sonó *The Star-Spangled Banner,* el himno nacional. Recuerdo ponerme en pie y sentirme lleno de patriotismo; escalofríos me recorrían la espalda. Puse la mano derecha en el pecho, a la altura del corazón, y me quedé tieso en posición de firmes hasta que la pantalla se quedó en blanco.

—¡Bien, señoritas! —gritó de nuevo el sargento—. Mi nombre es sargento mayor Joseph. Él —dijo señalando al sargento bajito en la fila de la formación— es el sargento Mullins. Yo soy el instructor jefe y él es el instructor junior. Nos obedeceréis a los dos. Prestaréis atención a todo lo que digamos. Haréis todo lo que os digamos que hagáis. ¡Vuestras almas hoy pueden ser de Dios, pero vuestros culos pertenecen al Cuerpo de Marines de Estados Unidos!

El sargento se pavoneaba e iba de un lado a otro delante de la formación, casi a saltitos, las manos largas y delgadas arriba y abajo en las caderas.

—Quiero que todos vosotros, pollas ondulantes, estéis firmes, ¿me oís? No quiero que miréis a izquierda o a derecha, quiero que estéis firmes, ¡vista al frente!

Hacía un calor insoportable. Podía verle el sudor que le cubría la cara. Tenía miedo de mirar en cualquier dirección y se quedó mirando fijo al frente, como le habían dicho.

—¡Vista a la izquierda! —gritó el sargento.

—¡Malditos idiotas! —gritó de nuevo el sargento bajito—. Os habéis equivocado de lado. ¡Gentuza de mierda, maldita escoria! ¿Cuándo vais a prestar atención? ¿Cuándo vais a aprender? ¡Habéis venido aquí para ser marines!

Ahora el sargento bajito se reía. Luego, respiró hondo y dio un paso al frente. Eligió a uno de los jóvenes; las puntas de los zapatos brillantes del militar casi tocaban las puntas de los zapatos que llevaba el chaval.

—¡No sois jodidos gusanos civiles! —le gritó a la cara al crío—. Sois una mierda, ¿entendéis? Y os voy a aplastar. Sois ochenta, ochenta cuerpos jóvenes y fofos, ochenta dulces señoritas, ochenta florecillas, y quiero que hoy sepáis, gusanos, que me pertenecéis y me perteneceréis hasta que os haya convertido en marines.

La formación era muy descuidada. No le parecía en absoluto que fuera una formación militar. Se esforzaba mucho, se ponía muy firme, miraba al frente y ahuecaba las palmas de las manos apoyadas en las costuras de los pantalones, como había visto en el manual, como Richie y él habían practicado muchas veces. Se esforzó hasta que notó que casi se le durmieron las manos, intentaba con todas sus fuerzas ser un buen marine y hacer lo que le decían, y eso que aún no había entrado en el campo de entrenamiento. Pero estaba decidido, aunque no entendía por qué tenían que parecer tan enfadados y ser tan violentos, por qué tenían que gritar, chillar o maldecir de la forma en que lo hacían. No podía entenderlo, pero no importaba. Lo iba a conseguir, iba a hacer lo que le dijeran, como buen marine.

Los sacaron del lugar donde habían dormido y los hicieron marchar y correr gritando y chillando, ochenta en total, vestidos con traje y corbata, y sudaderas y camisetas, con el pelo largo y el pelo corto, bajitos y gordos, jóvenes de Nueva Jersey, de Detroit, el instructor casi les pisaba los talones, burlándose y amenazándolos:

—¡Vamos! ¡Vamos!

Miraba al cielo mientras corría; apenas podía respirar.

—¡Ya está bien, ya está bien! ¡Gusanos, entrad todos ahí!

Habían llegado a lo que parecía un gran hangar. Y desfilaron, los ochenta, en fila india, mirada al frente, hacia un edificio de chapa, con los cascos que acababan de recibir girando sobre sus cabezas, los correajes flojos. No parecían marines, pensó, sino que se parecían a Richie, a Pete y a todos los demás, corriendo hacia Sally's Woods para jugar a la guerra. ¿Qué estaba pasando aquí?, pensó. ¿Qué pasaba? Nada era como había pensado. ¿Por qué tenían que empujarlos y patearlos, y gritar y chillar tanto? Pero antes de que pudiera ordenar sus pensamientos, les alinearon y les pusieron frente a una hilera de grandes cajas de madera. Vio que cada caja tenía un número pintado.

—Quiero que os quitéis la ropa —gritó el sargento—. Quiero que os quiteis todo lo que os recuerde que una vez fuisteis civiles y lo pongáis en la caja. ¿Veis esa caja delantede vosotros y ese número? ¡Lo quiero todo ahí! —dijo—. ¡Ahora, señoritas! ¡Rápido, ahora, rápido!

Tan pronto habló el sargento, los jóvenes comenzaron a quitarse la ropa, a desabrocharse los cinturones, las camisas, los pantalones, a quitarse los zapatos y los calcetines. Todo fuera, todo. Y mientras se quitaban las últimas prendas, el sargento bajito empezó a ir de un lado a otro a lo largo de la fila, gritándoles a la cara a los jóvenes, insultándolos y golpeándolos con fuerza en la espalda.

Llevaba una pequeña medalla al cuello. Era la que mamá le había regalado por Navidad. La llevaba desde hacía años, la había llevado durante la secundaria, e incluso durante los entrenamientos de lucha libre en el sótano del instituto; no se la había quitado nunca. Y ahora el sargento bajito se la señalaba con el dedo, se reía, y luego le gritaba que la echara en la caja que tenía el número pintado en un lateral.

—¿Puedo quedármela? —preguntó.

—¡No me repliques! —gritó el sargento—. ¡Maldito gusano, no vuelvas a replicarme!

El sargento le arrancó la medalla de la mano y la echó en la caja. Y se vio que giraba lentamente hacia la voz atronadora del instructor, y que se ponía en marcha, caminaba deprisa, casi corría, se paraba, se ponía a caminar. No sabía qué hacer. Volvían a gritarle al oído, a chillar, a insultarlo. El tipo bajito le golpeó una y otra vez, y sintió que se quedaba sin aliento, que se retorcía.

—Lo intento —dijo.

—¡Mantén el paso! —gritó el sargento.

Caminar, desfilar, correr.

—¡Mantened el paso, gente! ¡Vamos, gente! ¡Vamos, gente!

No sabía qué hacer. No sabía cómo se hacía. Quería volver a casa, pero no lo hizo. Quiso volver a intentarlo; luego, no supo lo que quería hacer. Lo empujaban y atosigaban, le gritaban e intimidaban en medio de aquella locura. Recordó durante mucho tiempo aquel día, aquel lugar, las voces que le gritaban a un palmo de la oreja y retumbaban como un trueno lleno de odio. ¡Oh, sácanos de aquí! ¡Sácanos de aquí! ¡Dios, ayúdanos!

Y los metieron en una barbería que era más bien un hangar donde había pelo revoloteando por todas partes: su pelo, el pelo de todos, los que vinieron para ser marines ese día. Hombres con tan mala cara y tan fríos como los sargentos les raparon la cabeza hasta que él también pudo notar en el cuero cabelludo el viento cálido y suave que pasaba por el hangar. Los habían dejado completamente calvos, y miró a su alrededor, sentado en la silla, y los barberos, los tipos que afeitaban las cabezas, ni siquiera miraban, simplemente cortaban como si esquilaran ovejas.

—¡Levanta el puto culo! —gritó el barbero—, ¡siguiente! —Y el siguiente saltaba a la silla con la vista al frente.

Se vio arrastrado con los demás jóvenes, ahora con aspecto extraño, desnudos como él. Cuerpos jóvenes, tensos y avergonzados, desnudos, agarrándose los unos a los otros, sujetándose como niños. ¿Adónde los llevaban?, pensó. ¿En qué se estaban convirtiendo? Empujados y presionados por los instructores, iban de un lado para otro de la barbería donde les habían afeitado la cabeza, a través de los largos pasillos metálicos del hangar, hasta las duchas.

—¡Lavaos toda esa mierda! —gritó el sargento—. ¡Quiero que todos vosotros, gusanos, os lavéis y os quitéis la roña civil de vuestros cuerpos para siempre!

Y notó el agua caliente que le corría por la espalda y las piernas. Oh, podía notar cómo le salpicaba, cálida, en la cabeza rapada. Se sentía tan bien, tan relajado, tan lejos de los gritos llenos de rabia. Pero antes de que pudiera empezar a sentirse a gusto de verdad, alguien le gritaba de nuevo y le decía que saliera de la ducha, que volviera al lugar donde había estado antes, delante de la caja. Y salió con los demás, desnudos y chorreantes, los ochenta rapados, lavados y con la ropa bien empaquetada para ser enviada de vuelta a casa. Y ahora estaban firmes, con las manos en los costados, frente a las cajas con los números pintados.

—Muy bien, gente, muy bien —dijo el sargento—. Ahora os daremos ropa.

Pasaban reclutas por las cajas y echaban cinturones, pantalones verdes, gorras de trabajo, calcetines largos negros.

—¡Muy bien, señoritas! —gritó el sargento—. Hoy vamos a aprender a vestirnos. Mirad en las cajas y buscad un par de calcetines negros. ¿Veis ese par de calcetines negros, señoritas?

—¡Sí, señor! —gritaban los ochenta muchachos.

—¡Otra vez! —gritó el sargento.

—¡Sí, señor! —chillaron los jóvenes.

—Ahora quiero que toméis ese par de calcetines negros cuando yo lo diga —dijo, casi vacilando—. Y cuando diga que los toméis, quiero que os los pongáis. ¿Habéis entendido, señoritas?

—¡Sí, señor!

—¡Hacedlo! —gritó el sargento bajito. Y ciento sesenta manos buscaron en las cajas los calcetines negros y se los pusieron lo más rápido que pudieron.

—¡Los pantalones! —gritó el sargento—. ¡Son pantalones —gritó—, no pantis como los que llevabais! ¡Los pantis son para las niñas! ¡Los marines llevan PANTALONES! ¡Poneos los pantalones! —ordenó.

—¡Sí, señor! —gritaron, y se pusieron los pantalones, luego los cinturones y luego las camisas, las chaquetas y las gorras de trabajo, hasta que estuvieron vestidos. Muchos de los uniformes no eran de su talla. La gorra le tapaba la cara, casi nadaba en ella, y los enormes pantalones se le posaban en las botas, que tampoco eran de su número. Se sentía como un muñeco de trapo. Pensó que debía de parecer una especie de pintor, con el gorro de pintar ladeado. Se sintió ridículo. Miró alrededor y algunos tenían peor aspecto que él. Había un chaval bajito que parecía haberse abrochado el cinturón en el pecho y la gorra le tapaba también la cara.

Había un tipo alto a su derecha, en un extremo de la fila, sí, había un tipo alto con pantalones demasiado cortos y con una camisa, pensó, que debería haber sido la del tipo bajito que nadaba en la ropa. Había un gordo que no podía ponerse los pantalones y el instructor le gritaba, lo maldecía y le decía que nunca saldría vivo del campo de entrenamiento, que nunca se convertiría en marine.

Los instructores rodeaban al gordo; habría unos seis a su alrededor, parecían dispuestos a matarlo a base de miradas, de chillidos, y le gritaban al oído por turnos: se reían de él y lo insultaban porque no cabía en los pantalones.

No dejó de mirarlo por el rabillo del ojo, y todos, todos los que estaban a su lado parecían atentos a lo que iba a hacer y a lo que pasaría a continuación. Y ahora recordaba quién era el joven; era el mismo que vio en el autobús al llegar a Raleigh, era el chaval que se había puesto en pie y se había jactado en el autobús, con las manos en la cintura, de que su padre había recibido un montón de condecoraciones en la Segunda Guerra Mundial y había matado a un montón de alemanes. Sí, era el mismo chaval. El mismo que le dijo a todo el mundo que no le tenía miedo a nada. Ahora lo tenían rodeado para que no se pudiera ver lo que le hacían. Le pegaban, sí, le pegaban y se podía oír cómo gritaba el gordo cada vez que le daban un puñetazo en las tripas. Y ahora lloriqueaba como un niño de tres años, como un bebé. Era un bebé asustado.

—¿Vas a llorar? —gritó el sargento—. ¿Es eso lo que va a pasar? ¡Vosotros, quiero que todos veáis esto! ¡Mirad aquí, gente, quiero que veáis llorar al bebé!

Todos miraron hacia donde estaba el chaval gordo.

—¿Eso son lágrimas? —gritó el sargento. Ahora todos reían, balanceándose sobre los talones y con las manos en las caderas—. ¡Llora! —volvió a gritar—. ¡Llora, llora, llora, mi bebé! Eso es lo que queremos, queremos que llores como un bebé, ¡porque eso es lo único que sois, gusanos! ¡No sois nadie!

Ahora el chico gordo estaba de rodillas. Temblaba, y se tapaba la cara con las manos como si rezara.

—No quiero estar aquí —decía—. Quiero… irme a casa. Quiero ir a casa —repetía—. Quiero irme a casa, quiero irme a casa, quiero irme a casa.

Estaba recién llegado, era el primer día y ya quería volver a casa. Y mientras observaba, los instructores, después de haberse divertido todo lo que pudieron, se alejaron lentamente de donde seguía arrodillado el gordo. Reían, lo despreciaban, se compadecían de él y lo insultaban; iban de aquí para allá y les gritaban a la cara a los demás. Los insultaban y les pegaban una y otra vez, hasta que el enloquecedor y atronador eco de las maldiciones y de los gritos lo ensordeció y meneó la cabeza una y otra vez hasta llegar a preguntarse quién era, qué estaba pasando y dónde estaba.

—¡No lo conseguirá, no lo conseguirá! —gritó el sargento más bajo, como si bailara frente a ellos—. No va a lograrlo. Es un bebé. ¡No es más que un bebé, señoritas!

—¡Ni siquiera le entran los pantalones! —gritó el sargento alto mientras se reía.

—Sí —dijo el sargento sureño—, no es más que un maldito bebé y ya se sabe lo que hacemos con los bebés. Les damos una patada en el culo y los mandamos de vuelta a casa. ¡Más vale que escuchéis! —continuó el sargento sureño—. Estáis en Parris Island. Estáis en el pelotón ciento ochenta y uno. Estáis en mi pelotón y, si queréis ser marines, tendréis que trabajar más duro de lo que habéis trabajado jamás, y estaréis atentos a todo lo que digo, y haréis todo lo que diga si queréis salir de la isla con vida y convertiros en marines, ¡así que más os vale que me escuchéis!

Empezaba a oscurecer en la isla. Había sido un día largo. ¡Le pareció como cien días, mil días! Un día interminable.

Fue el día más largo de su vida. Pero, pensó, si esto es lo que se necesita para convertirse en marine, estaba preparado para soportarlo, y si esto es lo que tendría que pasar en los días y semanas venideros, entonces estaba preparado. ¡Preparado!

Como había dicho el nuevo presidente, tendrían que soportar muchas cargas, muchos sacrificios, y ahora estaba allí y, por más loco y deprimente que pareciera el sitio, se enfrentaría a él como un hombre. No defraudaría a su presidente, ni a su familia, ni a ninguno de ellos. Podía soportarlo, era fuerte, lo sabía. Podría sobrevivir a las trece semanas.

Y ahora les gritaban que salieran del hangar en el que parecían haber estado desde siempre.

—¡Vista a la derecha! —gritó el sargento bajito—. Al trote… ¡MAAAAARCHEN! —volvió a gritar el sargento.

Y se pusieron en marcha, los ochenta, con la ropa nueva y limpia y las gorras, con los enormes cinturones colgando. Corrieron con pesados petates repletos de ropa y uniformes nuevos, como hombres encorvados frente a un vendaval. Tropezaron y jadearon en la zona de desfiles, pasaron al lado de la gran estatua de los marines que plantaron la bandera en Iwo Jima, y pensó en John Wayne y en las películas y en Castiglia y por un momento se le aceleró el corazón. Se sintió bien. Estaba orgulloso de estar en la isla y de tener la oportunidad de convertirse en marine.

Parecían escolares conducidos en manada a grandes pabellones de madera; eran ochenta en una hilera larga, se tropezaban con los pantalones, las gorras descontroladas, jadeaban en busca de aire, se ahogaban, escupían por culpa del calor. Las enormes botas pisoteaban el suelo de la zona de desfiles una y otra vez, hasta que sonaban como un tren entrando lentamente en la estación. Creyó que no podía continuar, pero los instructores no dejaban de gritar. Llevaban gritando todo el día, por la mañana, por la tarde, no habían dejado de gritar desde que llegó: gritar, maldecir, insultar, hasta que todo pareció un enorme chillido. Tenía que seguir esforzándose, pensó. Tenía que llegar hasta el hangar de madera del escuadrón. Había logrado llegar hasta aquí, pensó. No había llorado como el gordo, no se había postrado de rodillas como un bebé. Había llegado hasta aquí e iba a llegar aún más lejos, con todos los demás.

Pero algunos se dejaban caer tras él. Podía oír los gritos de los instructores. Se arrodillaban en mitad del calor de la tarde en la zona de desfiles. Miró atrás y observó, jadeando porque le faltaba el aire, sin creerse que hubiera llegado tan lejos. Había muchachos de rodillas: tres, cuatro, cinco, seis. No podía contarlos a todos, pero estaban de rodillas con los petates al hombro como Jesús con la cruz a cuestas, y gateaban, los veía gatear... Y no quiso rendirse, quiso seguir el ritmo de los demás. Y daba gracias por mantenerse en pie. Le dolían las piernas, pensaba que le iba a estallar el pecho y le latían las sienes con fuerza; le ardían los ojos, pero estaba cada vez más cerca de conseguirlo.

Ahora algunos muchachos habían empezado a maldecir; insultaban y maldecían como los instructores, maldecían el calor, maldecían el sudor. Empezaban a gritar y a maldecir el *shock,* el *shock* de ese día. Se arrastraron, exhaustos, en fila india hasta el barracón del pelotón. Era un largo pasillo pintado de verde con literas dobles a ambos lados, lo que hacía que el lugar pareciera más estrecho de lo que era. Encontró una litera al final, cerca de la ventana que daba a los pantanos. Se quedó en posición de firmes frente al catre, dejó caer el petate a un lado, sin dejar de mirar al frente, como le habían dicho, mirando directamente a los ojos de otro joven. Luego entraron los demás —las botas resonaban en el suelo de madera— y se quejaban, sudaban y arrastraban los petates hasta las literas.

—¡Entrad! ¡Deprisa! ¡Deprisa! ¡Entrad! —gritó el sargento, que había entrado a la carrera—. ¡Quiero que cada uno de vosotros se ponga delante de una litera! —volvió a gritar el sargento—. ¡Y ahora quiero que me prestéis atención!

Y les dijo que este, el barracón del escuadrón, iba a ser su hogar durante los próximos tres meses. Vivirían aquí, dormirían aquí, se ducharían aquí y trabajarían aquí hasta convertirse en marines.

—¡Es tarde! —gritó el sargento bajito—. Y sé lo cansadas que estáis esta noche, señoritas. ¿Estáis cansadas, señoritas? —gritó el sargento.

—¡Sí, señor! —respondieron los hombres.

—¡No se os oye! —gritó el sargento—, ¡más fuerte!

—¡SÍ, SEÑOR! —volvieron a gritar los reclutas.

—Así está mejor.

El sargento recitó una larga lista de nombres, incluidos los del presidente y el vicepresidente de Estados Unidos, y demás subordinados hasta llegar al instructor principal y, cuando acabó con la lista, les gritó que todas las noches, de ahora en adelante, repetirían esos nombres. Luego, gritó:

—¡Listos, arriba!

Y los reclutas respondieron:

—¡Listos, arriba! ¡Señor, sí, señor!

Y los ochenta saltaron a las camas, y se acostaron en las literas todavía como en posición de firmes.

—¡Muy bien! ¡Quiero que estéis firmes toda la noche! Creo que es un buen entrenamiento.

Yacían en las literas en posición de firmes cuando uno de los sargentos hizo que un joven negro de Georgia rezara el padrenuestro.

—Padre nuestro que estás en los cielos, santificado sea tu nombre —rezó—, venga a nosotros tu reino, hágase tu voluntad así en la tierra como en el cielo…

Cuando terminó la oración, las luces se apagaron y lentamente cerraron los ojos.

El primer día había llegado a su fin.

(Las luces parpadean, parpadean, parpadean de pie junto a mi litera ahora) ¡señor! El soldado raso pide ir al baño de urgencia ¿QUÉ QUIERES KOVIC? *señor oh dios oh jesús sí señor sí sí señor un dos un dos sí sí señor* Si muero en combate empaquéteme y envíeme a casa CUENTA ATRÁS —LISTO— ¡SENTADOS! ENTRA EN EL PASADIZO FLOR DE GUISANTE Y HAZME QUINIENTAS SENTADILLAS Y FLEXIONES, ¡VENGA! POR EL FLANCO IZQUIERDO uno dos tres cuatro me encanta el Cuerpo de Marines ESTE ES SU FUSIL, SEÑORITAS, ¡QUIERO QUE LO CONOZCÁIS TODO DE ÉL, CADA UNA DE SUS PARTES! ¿NO SABES LEER, FLORECILLA? este es mi fusil esta es mi arma esto es para pelear esto es para divertirse. No preguntes cuál es tu país *(la formación ahora) recuerda que no puedo hablar, no puedo hablar no, no puedo traerlo de regreso por el río, con el fusil.* América. América. Dios te bendiga, eenie meenie mynie moe atrapa a un negro por el dedo del pie ¡VISTA AL FRENTE! ESTA TARDE QUIERO QUE CREÁIS QUE LO QUE HAY AHÍ FUERA ES UN COMUNISTA HIJO DE PUTA *y espaguetis y panchitos y amarillos y japos y* ¡¡FORMAD DELANTE DE LAS LITERAS!! ¡NO VAIS LO BASTANTE RÁPIDO! *(nunca es suficientemente rápido, dieciocho años, tengo dieciocho)* ¡ARRIBA! ¡ABAJO! ¡HAZLO! ¡FUERA! ¡HAZLO! *oh mamá oh por favor oh alguien, que alguien me ayude ahora* ¡POR EL FLANCO DERECHO! ¡ABAJO! ¡ARRIBA! *(desfiles calor caras cara espejo granos aún ahora botas y calcetines) oh las luces parpadean* ¡MUEVE EL PUTO CULO! Soportaremos cualquier carga *con su*

permiso, señor, disculpe, señor, perdóneme, señor, soporte las dificultades, *lo siento, señor, sí, señor, no, señor, sí, sí, señor, señor. (flexiones, flexiones, ruido metálico)* ¡LISTOS, SENTAOS! *(platos, tenedores y)* COME Y DATE PRISA Y CORRE Y DATE PRISA Y COME Y DATE PRISA Y CORRE Y DEPRISA DEPRISA Hay algo en lo que creo: estaremos en casa en Nochebuena, *señor, mi número de servicio es dos-oh-tres-oh-dos-seis-uno, señor, el presidente de estados unidos es el honorable lyndon baines johnson, señor. el vicepresidente es* padre nuestro que estás en los cielos PREPÁRATE PARA MONTARLO *¡sí, señor!*, santificado sea tu nombre ¡MÓNTALO! Venga a nosotros tu reino, si muero en el frente ruso entiérrame con un coño ruso ¡HAZLO! ¡HAZLO! ¡HAZLO! ¡HAZLO! Hágase tu voluntad ¡HAZLO! ¡HAZLO! HAZLO DORMIDO EN EL SUELO POR ENCIMA DE LA CABEZA HAZLO AHORA QUIERES CONVERTIRTE EN UN HOMBRE QUIERO CONVERTIRME EN UN HOMBRE QUIERO CONVERTIRME EN UN HOMBRE *oh convertirse en marines oh dios bendiga al cuerpo de marines dios bendiga estados unidos* ¡APRIETA! ¡APRIETA! *Dios bendiga a mi instructor jefe dios bendiga al presidente.* ¡PELOTÓN, ALTO! *dios bendiga al comandante del batallón dios bendiga a chesty puller dios bendiga a john wayne* Desde los pasillos de Montezuma ¡POR EL FLANCO DERECHO! ¡MUY BIEN, CUANDO OS DIGO, GENTE, QUE TENÉIS DOS PUTOS MINUTOS PARA CAGAR, DUCHAROS Y AFEITAROS, QUIERO DECIR EXACTAMENTE AHORA, MALDITA ESCORIA! ¡LLEGA EL CORREO! *(ochenta cuerpo a tierra) quiero la bandera* ¡SE ACABÓ, SEÑORITAS! *No ves, padre, que las pruebas en spring shots* ¡TENÉIS QUE SER LOS PRIMEROS, TENÉIS QUE SER LOS PRIMEROS! A ESTRIBOR AL BAÑO A BABOR AL BAÑO oh, Dios te salve, María, llena eres de gracia, el Señor es *¡hijos de puta!* Oh, padre nuestro, ¡MATAR! ¡MATAR! ¡MATAR! ¡MATAR! a quien sea ROJOS AMARILLOS JAPOS VIETNAMITAS santificado sea SI QUERÉIS SER MARINES… TENÉIS QUE PAGAR EL PRECIO

PAGAR EL PRECIO PAGAR EL PRECIO Si muero en zona de combate, empaquétame y envíame a casa, venga tu reino *soldado kovic señor dos-oh-tres-oh-dos-seis-uno señor sí señor no señor uno dos sí, sí, señor,* hágase tu voluntad, *el soldado solicita permiso para hablar con su instructor principal oh Dios, oh Jesús, ayúdame, ayúdame* en la tierra como en el cielo ¡CÍRCULOS ESCOLARES! *sí sí señor* como está ¿QUÉ QUIERES GUSANO? LISTO ¡flexiones! Sí, sí señor ¡HAZLO! señor sí señor, ESTE ES SU FUSIL, QUIERO QUE DUERMAS CON ÉL ARRIBA, ABAJO, ARRIBA, ABAJO, ¿ME OYES? ¿ME OÍS, GENTE? *(nos movemos ahora)* SAL DEL CALLEJÓN HAZME QUINIENTAS SENTADILLAS Y FLEXIONES *sí, sí, señor uno dos, sí, sí, señor uno dos* ¡NO OS PARÉIS GENTE SEGUID CORRIENDO GENTE BASURA BASURA CERDOS CERDOS NADIE ABANDONARÁ HOY HOY NO HABRÁ ARREPENTIDOS EN MI BATALLÓN DE MARINES! ¡CORRE! ¡CORRE! ¡CORRE! ¡CORRE! PREFERIRÍAS ESTAR MUERTO COMO TE RINDAS ¡No hay nada mejor RÁPIDO! ¡RÁPIDO! *y cuando sea mayor tendré* ¡DIEZ! ¡NUEVE! ¡OCHO! ¡SIETE! ¡SEIS! ¡CINCO! ¡CUATRO TRES DOS UNO! ¡LLEGAS TARDE! ¡TARDE TARDE TARDE TARDE TARDE! *(levantando la bandera)* ¡NO TE MUEVAS, NO TE SIENTES, NO TE PARES, HAZLO, HAZLO, HAZLO, HAZLO! ¡PASO LIGERO! *oh maría madre de jesús tienes que ayudarme* SOMOS LOS MEJORES SOMOS LOS MEJORES SOMOS LOS MEJORES *pelotón uno ochenta y uno es el mejor* ¡MÁTALOS A TRESCIENTOS PIES! ¡VÍSTETE BIEN! ¡A TREINTA PIES! *en las trincheras en los bancos a rastras salir de aquí dios (cuerdas y agujeros y golpes) mamá soy un experto ¡soy un experto! Oh, haz esta vez esta vez, quiero gritar, quiero gritar oh no oh espera, oye, estoy, espera, solo, espera, voy a gritar gritos gritos gritos gritos gritos gritos gritos* ¡TENGO QUE GRADUARME TENGO QUE GRADUARME! POR EL FLANCO IZQUIERDO: ¡MAAARCHEN! ¡NO LO CONSEGUIRÁS! ¡POR EL FLANCO DERECHO OCHENTA PELOTÓN CIENTO OCHENTA Y UNO! *¡pelotón ciento ochenta y uno* *señor! los colores la bandera el guía mástil oh dios postes de las porterías touchdown chaquetas de touchdown verde olor fresco un-dos-tres-cuatro-un-dos-tres-cuatro (su voz las voces ellos las letras) ¡hola mamá y hola papá!* CUERPO DE MARINES CUERPO DE MARINES CUERPO DE MARINES CIMA DE LOS HÉROES Desde los salones de Montezuma *el vicepresidente de estados unidos es* ¡NUNCA NOS RETIRAMOS! ¡VACÍA ESE PETATE! ¡QUIERO QUE TE ARRASTRES, ARRÁSTRATE GUSANO, ARRÁSTRATE GUSANO! ¡CARGAD ESAS CAJAS SOBRE VUESTRAS CABEZAS! ¡NUNCA HEMOS PERDIDO! *(destrozar literas destrozar literas)* ¡O NADÁIS U OS HUNDÍS, GENTE! MIRA AL FRENTE ¡MIRA AL FRENTE! ¡CORRE! ¡CORRE! ¡CORRE! ¡CORRE! ¡CORRE! ¡CORRE! ¡CORRE! ¡CORRE! ¡CORRE! ¡CORRE! ¡CORRE! ¡¡CORRE!!

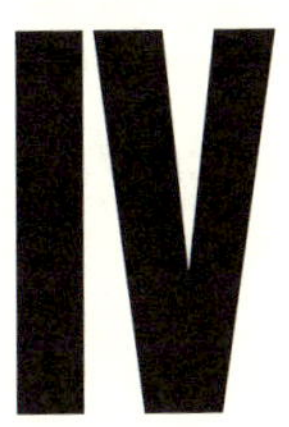

Vinieron a buscarlo temprano aquella mañana. Subieron por la rampa de madera y llamaron a la puerta principal. Podía oírlos hablar en el salón con su madre y con su padre del desfile y de lo importante que era que él desfilara con ellos en silla de ruedas el Día de los Caídos.

—Es la hora del desfile —dijo su padre, entrando a su habitación.

—Voy, papá —dijo, levantando la vista de la cama—. Tengo que ponerme los pantalones.

Seguía siendo difícil vestirse, pero progresaba. Se dio la vuelta, tomó los pantalones y se los subió hasta la cintura. De nuevo boca arriba, se abrochó el cinturón. Luego se impulsó con ambas manos hasta sentarse en la cama, al lado de la silla de ruedas. Agarró la silla con una mano, se deslizó con un movimiento rápido hasta sentarse, con las piernas aún sobre la cama.

Su padre sabía que era el momento en que tenía que echarle una mano. Le tomó una pierna a la vez que él la otra y las acercaron con cuidado a la silla; las dejaron separadas para asegurarse de que el tubo de goma no se obturara.

—¿Listo? —gritó el joven.

—¡Listo! —dijo el padre. Y se sentó detrás de la silla como siempre hacía y lo levantó por los sobacos para que el joven pudiera volver a subirse los pantalones.

—Vale —dijo el muchacho.

Su padre lo dejó caer lentamente sobre el cojín y él se acomodó en la silla de ruedas y miró hacia la puerta. Empujó la silla por el largo y estrecho pasillo hasta el salón. Su madre estaba allí con un hombre alto a quien recordó inmediatamente haber visto en el hospital; a su lado, un tipo corpulento. Ambos vestían uniformes de la Legión Estadounidense con las gorras de gala elegantemente colocadas sobre las cabezas. Se sentó lo más erguido que pudo en la silla, sujetándose con una mano para no perder el equilibrio. Estrechó la mano del comandante alto y del tipo corpulento que estaba a su lado.

—Tienes un aspecto estupendo —dijo el comandante, dando un paso al frente—. El mismo marine duro de pelar que visitamos en el hospital —dijo con una sonrisa—. Sabe, señor Kovic… —ahora miraba al padre—, este chico suyo tiene muchas agallas.

—Estamos muy orgullosos de él —dijo el otro tipo.

—Todo el pueblo está orgulloso de él y de lo que hizo —dijo el comandante, sonriendo de nuevo.

—Ha hecho un gran sacrificio —dijo el tipo corpulento, mientras apoyaba la mano en el hombro del joven.

—Y nos aseguraremos —dijo el comandante—, nos aseguraremos de que su sacrificio y el de los demás no haya sido en vano. La guerra sigue y vamos a ganarla —dijo, mirando al padre del chico.

Su padre asintió con la cabeza para demostrarle al comandante que entendía lo que quería decir.

Era hora de irse. El tipo corpulento se dispuso a empujar la silla. Parecía muy seguro, y le recordó al joven que había trabajado en el hospital naval.

El joven se despidió de su padre y de su madre y el tipo corpulento bajó la silla de ruedas por la larga rampa de madera hasta la acera.

—Os llevo empujando casi dos años, chavales.

El joven los oía hablar mientras el tipo corpulento y el comandante seguían en el jardín tratando de averiguar cómo iban a meterlo en el asiento trasero del Cadillac descapotable.

—Hoy vas a ir en coche de lujo —gritó el comandante.

—Solo lo mejor —dijo el tipo fornido.

—No he aprendido aún a hacerlo…

—Lo sé, lo entendemos… —dijo el comandante.

Y antes de que pudiera volver a abrir la boca, el tipo que había trabajado en el hospital lo levantó de la silla con un movimiento suave. Abrió la puerta de una patada y lo sentó con cuidado en el asiento de atrás del cochazo descapotable.

—Perfecto, señor mariscal.

El tipo corpulento le dio unas palmaditas en el hombro, luego saltó al coche con el comandante y tocó la bocina durante todo el recorrido por Toronto Avenue.

—Vamos a casa de Eddie Dugan —dijo el comandante, volviendo la cabeza—. ¿Conoces a Eddie? —hablaba muy rápido—. Un buen chico —dijo el comandante—, perdió ambas piernas, como tú. Lleva unas ortopédicas. Está muy bien, ¿no? —Golpeó al hombre corpulento con el puño.

—Ese Eddie Dugan tiene muchas agallas —dijo el hombre corpulento.

—Lo recuerdo. —El comandante doblaba por la esquina y conducía lentamente calle abajo—. Sí, recuerdo haber visto a Eddie cuando era… cuando jugaba en categoría juvenil. Y

Dios —dijo el comandante, volviendo de nuevo la cabeza hacia él—, Dios es testigo, vi a Eddie hacer un *home run* el día de su cumpleaños. Tenía nueve o diez años, o por ahí, en aquel entonces —el comandante ahora reía—. Estaba entrenando con su padre, sí, y era su cumpleaños. Muchos se quedaron sorprendidos.

Seguía hablando muy rápido.

—¿Te acuerdas de Clasternack? Habrás oído hablar de Clasternack, ¿no? Murió. Le pusieron su nombre a una calle del parque. —Hizo una pausa larga—. Sí… Lo mataron. Él fue el primero en caer. Y también cayeron otros —dijo el comandante—. Aquel chaval, ¿cómo se llamaba? Sí, lo tengo en la punta de la lengua… Johnny Heanon, el pequeño Johnny Heanon…. Solía jugar en las ligas menores con vosotros.

Recordó a Johnny Heanon.

—Pisó una mina antipersona o algo así y murió en el barco hospital mientras le operaban. Veo a sus padres de vez en cuando. Viven cerca del viejo instituto. Era un buen chico —dijo el comandante.

—Solía traerme el periódico —dijo el tipo fornido.

—También estaba la familia Peters…, los dos hermanos… —volvió a hablar el comandante, con una larga pausa—. Ambos cayeron la misma semana. Y Alan Grady… ¿Conocías a Alan Grady? Solía ir con los boy scouts.

El joven del asiento trasero asintió. También conocía a Alan Grady.

—Ahogado —dijo el comandante.

—Qué curioso —dijo el otro tipo—, quiero decir, es una manera terrible de morir. Estaba de permiso o algo así y se ahogó una tarde mientras nadaba.

—Y Billy Morris —dijo el comandante—, solía meterse en todo tipo de problemas en el instituto. A él también lo mataron. Había una mina o algo así y le cayó un árbol encima. ¿No es una locura? —El comandante se reía ahora casi histéricamente—. Ir hasta allí para que te mate un puto árbol.

—Hemos perdido a muchos buenos chicos allí —dijo el tipo recio—. Nos han hecho mucho daño. La ciudad ha cambiado.

—Y la cosa ya dura demasiado. —El comandante se mostraba muy enfadado ahora—. Si esos cabrones de Washington se dejaran de tonterías y tirasen un par de las grandes en los lugares correctos, podríamos terminar con todo esto en una semana. Podríamos ganar esa maldita guerra y sacar a nuestros muchachos de allí.

Cuando llegaron a casa de Eddie Dugan, los dos hombres salieron del coche. A él lo dejaron en el asiento trasero y ambos corrieron hacia la puerta de Eddie. Pasaron unos minutos. Luego, Eddie salió por la puerta principal balanceándose hacia adelante y hacia atrás por el césped como un payaso, apoyado en las muletas, hasta que llegó a la puerta del coche.

—Puedo hacerlo —dijo Eddie.

—Claro —dijo el comandante alto, con una sonrisa.

Vieron cómo Eddie se estiraba apoyándose en las muletas y se metía en el asiento del coche.

—No está mal —dijo el comandante.

El comandante y el fornido subieron al auto y el joven pudo sentir el cálido aire primaveral en la cara mientras avanzaban por el barrio de Eddie. Las hojas de los árboles despuntaban; brillaban al sol y cubrían las calles con parches de sombra matutina.

—No vas a creértelo —le dijo Eddie, mirándose las piernas—. Fui alcanzado por nuestra artillería. —Lo dijo como si se riera—. Fue en una patrulla nocturna. ¿Y tú? —preguntó.

—Me quedé paralizado del pecho para abajo. No puedo moverme, no siento nada.

Con la mano, le indicó a Eddie desde dónde había perdido la sensibilidad y a continuación le mostró la bolsa que llevaba siempre al lado. Normalmente no le gustaba contarle a la gente lo malherido que estaba, pero por alguna razón con Eddie era diferente.

Eddie miró la bolsa y sacudió la cabeza, sin decir nada.

—Déjame ver tus nuevas piernas —le dijo a Eddie.

Eddie se arremangó los pantalones y le enseñó las piernas ortopédicas.

—Ya ves. —Y golpeándolas con los nudillos dijo sarcásticamente—: Como nuevas.

Llegaron al lugar donde se iba a celebrar el desfile y vio a los scouts lobatos y a las niñas exploradoras, a las bandas de música, a los veteranos con gorras y uniformes de la Legión Estadounidense, a las madres auxiliares de la Legión y a las *majorettes.* La calle era un mar rojo, blanco y azul. Recordó cómo él y los demás niños del barrio vistieron en su día uniformes de scouts de la rama lobato y desfilaron el Día de los Caídos por esas mismas calles. Recordó a los cientos de personas en las aceras, todos de pie, que vitoreaban y agitaban las banderolas, a su madre de pie con las otras madres en el barrio gritándole para que no perdiera el paso.

—¡Ahí está mi Yankee Doodle! —la oía gritar, y se sentía avergonzado y se tapaba los ojos con la gorra, como siempre hacía.

Los scouts decoraron el Cadillac con papel crepé rojo, blanco y azul y grandes pancartas que decían BIENVENIDOS A CASA RON KOVIC Y EDDIE DUGAN y APOYEN A NUESTROS JÓVENES EN VIETNAM. También había un pequeño cartel que decía: NUESTROS VETERANOS DE VIETNAM HERIDOS... EDDIE DUGAN Y RON KOVIC.

Cuando los scouts terminaron, el comandante fue corriendo hasta el coche con una lata de cerveza en la mano.

—¡Vamos! —gritó, y se metió de nuevo en el coche con el tipo grueso.

Condujeron lentamente entre la multitud hasta llegar a la cabeza del desfile. Podía oír las trompetas y los tambores detrás de él y miró alrededor y vio a las *majorettes* al ritmo del tambor y a los payasos bailar en la calle. Miró hacia las aceras donde se había reunido la gente de su pueblo como cuando él era niño.

Pero fue diferente. Al principio no podía decir exactamente qué era, pero no era lo mismo, no vitoreaban; parecía que simplemente estaban allí, de pie, mirándolos a Eddie Dugan y a él como si ni siquiera estuvieran. Era como si fuesen fantasmas, como los pequeños Johnny Heanon o Billy Morris volviendo de entre los muertos. Y no podía entender lo que pasaba.

Tal vez, pensó, las pancartas, las que habían colocado los boy scouts y sus padres, las que decían a todo el pueblo quiénes eran Eddie Dugan y él, tal vez, pensó, estaban mal colgadas en la calle, por eso nadie sabía quiénes eran y por eso nadie saludaba.

Si las pancartas hubieran estado por todas partes, quizá la gente habría inundado las calles, gritado, pataleado y aplaudido, como lo hicieron con él y con Eddie en los partidos de las ligas juveniles. Habrían llenado las calles tratando de estrecharles la mano como en las películas, como cuando los muchachos regresaron de las otras guerras y todos se volvían locos y lanzaban serpentinas de papel y confeti y abrazaban y besaban a sus seres queridos durante lo que parecía una eternidad. Si realmente supieran quiénes eran, pensó, chillarían, aplaudirían y gritarían. Pero estaban en silencio y lo único que oía cada vez que la banda dejaba de tocar era el suave ronroneo del gran Cadillac de la Legión Estadounidense mientras avanzaba lentamente por la calle.

Aunque les costaba comportarse como héroes, Eddie y él intentaron saludar un par de veces, pero luego se dio cuenta de que las caras que lo miraban no iban a cambiar y no pudo evitar sentir que era una especie de animal en un zoológico, que los estaban exhibiendo, a Eddie y a él, como trofeos de caza. Y cuanto más pensaba en ello, más quería salir del asiento trasero del Cadillac y volver a su habitación, un lugar que sabía seguro y acogedor. El desfile apenas había comenzado, pero ya se sentía atrapado, como en el hospital.

El comandante alto giró por Broadway, pasó por delante de la peluquería de Sparky, luego bajó por Massapequa Avenue y pasó por delante del edificio de la Legión Estadounidense, y allí estaba el cañón con el que habían jugado cuando eran niños, enfrente de la estación de ferrocarril de Long Island. Recordó las veces que Bobby, Richie Castiglia y él solían sentarse en esa cosa y empuñaban las metralletas de plástico y llevaban las cantimploras militares llenas de limonada; se sentaban y esperaban a que llegara el tren a la estación de Massapequa, y entonces gritaban «¡al ataque!», con Castiglia de pie valientemente sobre el cañón, y acribillaban las ventanillas del tren.

Empezaba a sentirse muy solo. Siguió mirando a Eddie. ¿Por qué no lo habían vitoreado?, pensó. Eddie había perdido las piernas y había regresado a casa mutilado, y a nadie parecía importarle.

Cuando llegaron al lugar donde se había instalado la tribuna de los oradores, vio a Eddie bajar del coche y luego ponerse de pie con las muletas mientras el tipo corpulento lo ayudaba con la puerta. El comandante abrió el maletero y acercó la silla de ruedas al lateral del coche. El otro tipo lo levantó y vio que la gente a su alrededor lo miraba, y le molestó porque no quería que vieran lo gravemente herido que estaba y cuánto necesitaba que lo ayudasen, pues tenían que sentarlo en la silla como a un bebé. Intentó disimular sonriendo y saludando a las personas que lo rodeaban, con bromas sobre la silla para aliviar la tensión, pero era muy duro estar allí y, cuanto más observado se sentía, como si fuera un objeto extraño de un museo, más difícil se hacía todo y más quería salir de allí.

Condujo la silla hasta la parte trasera de la tribuna, donde dos miembros de la Legión lo esperaban para auparlo.

—¿Cómo se levanta esta maldita cosa?—gritó uno de los hombres, tambaleándose de repente y casi derribándolo. Intentó decirles cómo levantarlo correctamente, tal como le habían enseñado en el hospital, pero quisieron hacerlo a su manera y casi lo pierden por segunda vez.

Finalmente, lo subieron al escenario y lo pusieron en primera línea, junto a Eddie, que estaba sentado y tenía las muletas al lado. Se sentaron el uno junto al otro y miraban a la gran multitud y oían a un orador y luego al siguiente, incluidos el alcalde y todos los mandatarios de la ciudad. Todos pronunciaron palabras muy hermosas sobre el sacrificio, el patriotismo y Dios, y pidieron a la multitud que apoyara a los muchachos en la guerra para que sus valientes sacrificios no fueran en vano.

Y le llegó el turno al comandante alto. Caminó lentamente hacia el micrófono, midiendo sus pasos con cuidado; luego, levantó la cabeza y miró directamente a la multitud.

—¡Creo en Estados Unidos! —gritó el comandante, agitando el puño en el aire—. ¡Y creo en los valores estadounidenses!

—La multitud vitoreaba—. Y, más que en todo lo demás..., ¡sobre todo, creo en la victoria de Estados Unidos!

Estaba muy emocionado. Luego gritó que todo el país tenía que unirse y apoyar a los muchachos en la guerra. Contó cómo él y los padres de estos muchachos, antes que ellos, habían luchado en Corea y en la Segunda Guerra Mundial, y cómo todo el país los había apoyado entonces y cómo habían logrado una gran victoria en nombre de la libertad. Casi con lágrimas en los ojos le gritó a la multitud que no podían rendirse en Vietnam.

—Tenemos que ganar... —dijo con la voz aún temblorosa. Luego, haciendo una pausa, los señaló con el dedo a Eddie Dugan y a él—, ¡por ellos!

De repente se hizo la calma y podía ver que lo miraban directamente, a él que estaba sentado en la silla de ruedas al lado de Eddie, completamente solo. Parecía que todos (los scouts, los lobatos, las madres, los padres, todo el pueblo) tuvieran los ojos puestos en ellos. Inclinó la cabeza y se quedó con la vista fija en su regazo.

El comandante abandonó la tribuna entre grandes aplausos y continuaron los discursos, pero cuanto más hablaban, más inquieto e incómodo estaba él, hasta que sintió que iba a ponerse en pie, a pesar de estar paralítico, y empezar a gritar. Primero lo invadió la confusión, luego el orgullo, y luego, de repente, la confusión otra vez. Quería oír y creer todo lo que decían, pero seguía pensando en todas las cosas que habían sucedido esa jornada y ahora se preguntaba por qué a Eddie y a él ni siquiera les habían dado la oportunidad de hablar. Llevaban allí todo el día, había pasado semanas y meses sentado en la silla, en el hospital y en casa, solo en su habitación, y ahora se preguntaba por qué había permitido que lo convirtieran en un héroe, en la gran atracción del desfile con Eddie, por qué había dejado que lo llevaran por toda la ciudad en el Cadillac y luego ni siquiera le habían pedido que dijese unas palabras.

Aquella gente nunca había estado en *su* guerra y hablaban como si lo supieran todo, como si fueran expertos en aquel maldito asunto, como si Eddie y él no supieran hablar por sí mismos porque ahora estaban heridos. No podían hablar de la guerra y tuvieron que permitir que otros hablaran con hermosas palabras de algo de lo que no sabían nada.

Se recostó y observó a los hombres que mandaban en la ciudad mientras caminaban arriba y abajo por la tribuna de oradores vestidos de traje y corbata, bebían cerveza y hablaban de patriotismo. Le recordó a aquella vez en la iglesia, unos domingos atrás, cuando el padre Bradley de repente se puso a hablar de él en mitad del sermón y les dijo a todos que era un héroe y un patriota a los ojos de Dios y de su país por haber ido a luchar contra los comunistas.

—Debemos rezar por los muchachos valientes como Ron Kovic —afirmó el sacerdote—. Y, sobre todo —dijo—, debemos rezar por la victoria en Vietnam y la paz en el mundo.

Y cuando terminó la misa, la gente se le acercó a darle la mano y a agradecerle todo lo que había hecho por Dios y por el país, y salió de la iglesia con un profundo malestar, y luego vomitó en el aparcamiento.

Después de los discursos, lo bajaron por las escaleras de la plataforma y la multitud comenzó a aplaudir y entonces se sintió más avergonzado que nunca. No se merecía esto, no quería esta mierda. Lo único que deseaba era salir de allí y volver a casa. Solo quería salir de aquel lugar y regresar de inmediato.

Pero alguien entre la multitud gritó su nombre. «¡Ronnie! ¡Ronnie!». Una y otra vez oyó que alguien lo llamaba. Al cabo de un rato pudo ver quién era. Era el pequeño Tommy Law, que había crecido en Hamilton Avenue con él y con los demás chicos. Solía hacer *home runs* por encima del seto de Tommy. Tommy había sido uno de sus mejores amigos, como Richie y Bobby Zimmer. No lo había visto en años, desde el instituto. Sabía que Tommy también se había alistado en los marines y había oído algo acerca de que lo habían herido durante un ataque con misiles en la zona desmilitarizada. Nadie le había dicho que había vuelto. Y ahora Tommy lo abrazaba, y los dos lloraban, al pie del escenario, abrazados delante de todo el mundo en pleno Día de los Caídos. Quería alejarse avergonzado y contener los sentimientos que se le desbordaban, pero no pudo y lloró aún más, aún abrazado a su amigo, hasta que notó que los brazos se le entumecían. Fue maravilloso, cuánto le gustó volver a ver a Tommy. Parecía devolverle una parte maravillosamente feliz de su pasado y no quería dejarla escapar. Se abrazaron durante un buen rato. Y cuando Tommy finalmente se separó, estaba colorado y tenía la cara llena de lágrimas y de dolor. Tommy le tomó la cabeza con las manos aún temblorosas y lo miró con incredulidad. Miró el rostro de Tommy y pudo ver que estaba profundamente triste.

La multitud se había agolpado para ver con curiosidad a los dos amigos. Intentó secarse las lágrimas, intentaba sonreír y hacer que Tommy, él y todos los demás se sintieran más cómodos, pero Tommy no sonreía y seguía sujetándolo. Sin dejar de llorar, meneó la cabeza. Y ahora, al mirar el rostro de Tommy, podía ver la delgada cicatriz que recorría la línea del pelo, el mismo tipo de cicatriz que había visto en las cabezas de los vegetales a quienes les habían volado los sesos, en el mismo sitio donde les habían puesto placas para reemplazar parte del cráneo.

Pero Tommy no quería hablar de lo que le había pasado.

—Salgamos de aquí —dijo.

Agarró las manijas de la silla y comenzó a empujarla entre la multitud. La empujó por todo el pueblo: pasaron por la estación de Long Island y llegaron al edificio de la Legión Estadounidense. Se sentaron en una esquina del bar, observando al alcalde y a los políticos. Y Tommy trató de evitar que los legionarios borrachos se les echaran encima y les contaran sus historias de la guerra.

El comandante alto, que ahora iba bastante borracho, se acercó y les preguntó a Tommy y a él si querían que los llevase a casa en el Cadillac. Tommy dijo que volverían a pie y, dejando el edificio de la Legión Estadounidense y a los borrachos en el bar, reemprendieron el camino de regreso por las calles del pueblo donde habían crecido. Pasaron por el campo de béisbol de la escuela Parkside donde habían jugado de niños, y llegaron a Hamilton Avenue, donde se sentaron frente a la casa de Peter Weber toda la noche, todavía sin poder creer que estaban juntos de nuevo.

Miro a la joven pareja caminar por la playa. Caminan sobre la arena mojada, por la orilla, justo donde rompen las olas. Ella toma la mano de él y se ríe. Oh, cuánto me gustaría ser ese tipo. Quiero sentir, quiero recuperar las emociones, quiero caminar al lado de una mujer, quiero ser igual que ese chaval que camina con ella por la playa. ¡Por favor, Dios mío —digo—, tengo tantas ganas de ser como antes...! Daría cualquier cosa, cualquier cosa por estar dentro de una mujer otra vez. Pienso en acercarme a ellas. Lo tengo muy difícil. ¿Qué podría decirles? «Disculpa, ¿te importaría empujar mi silla por la playa? ¿O tal vez te gustaría tomarme en brazos y que yo pueda tomarte de la mano entre risas?». No, NO, NO, NO, ¡no está bien! ¡No es justo! ¡Que me lo devuelvan! ¡Me lo han quitado, me lo han robado, mi pene nunca más se pondrá duro! Ni siquiera tuve tiempo de aprender a disfrutarlo plenamente y ahora lo he perdido, está muerto, está tan entumecido como el resto de mi cuerpo.

Observo a las otras mujeres. Veo sus largas y delgadas piernas, esbeltas y bonitas. Empiezo a excitarme, las fantasías se desencadenan en mi cabeza, y entonces la lesión vuelve a hacerse patente...

Oh, Dios, nunca pensé que esto pudiera suceder, que esta parte de mí que antes me había hecho sentir tanto placer, que esta cosa maravillosa de la que nadie parece querer hablar... se haya acabado, haya desaparecido de repente. Tan rápido, tan de golpe. ¿Qué puedo hacer? ¿Cómo puedo recuperarlo? A todo el mundo le parece un asunto muy importante, pero nadie quiere hablar de ello. La Iglesia dice que es pecado. Ahora ni siquiera puedo restregarme y masturbarme, no puedo hacerlo en la bañera, ni contra el árbol del jardín. Se acabó. Se fue. Y se fue por luchar por Estados Unidos. Lo entregué por la causa de la democracia. Está bien, pues. Está bien. Sí, está bien. He perdido el pene, ahora inservible, por Estados Unidos. He sacrificado mi joven polla por la democracia. Desaparecida y muerta, perdida en algún lugar junto al río donde la artillería atacaba con fuerza. ¡Oh, Dios, oh, Señor, devuélvemela! La di por todo el país, la di por todos y cada uno de nosotros. Sí, di mi polla muerta por John Wayne y Howdy Doody, por Castiglia y Sparky el barbero. Nadie me dijo que iba a regresar de esta guerra sin polla. Pero he vuelto, y ahora mi mente se desespera y no sé qué hacer.

Todas las noches, después de haber estado en el bar de Arthur, volvía a casa y subía la rampa de madera que había hecho su viejo. Se detenía al llegar arriba, sentado en la silla de ruedas, tiraba la gran lata azul de leche contra los arbustos, maldecía en voz baja y abría la puerta mosquitera que su padre dejaba sin llave echada. Eran siempre las dos o las tres de la madrugada y él intentaba colarse en casa sin despertar a nadie, aunque apenas podía empujar la silla. Todas las noches se detenía junto al crucifijo y se mojaba los dedos en el agua bendita. Oh, Jesús —murmuraba—, tienes que ayudarme, tienes que encontrarme una mujer, alguien que quiera este cuerpo roto. Se hacía la señal de la cruz con el agua bendita tal como lo había aprendido de niño. Oh, Jesús, por favor, Jesús, tienes que ayudarme, tienes que darme fuerzas. Este cuerpo roto no se va a arreglar y va a seguir así para siempre y ahora tienes que ayudarme, Jesús, tienes que ayudarme de alguna manera. A veces, el perro se le acercaba y él le acariciaba la cabeza. Bueno, aquí tengo un amigo de verdad, alguien con quien puedo contar. Giraba la silla y la empujaba por el estrecho pasillo, pasaba junto a la estantería, golpeaba la pared con la mano, maldecía y luego empujaba la silla con furia hasta su habitación. A veces se quedaba despierto toda la noche, sentado frente a la máquina de escribir, tratando de olvidar la guerra, la herida, y escribía algunas palabras en el papel.

> Había un soldado
> que zapateaba suavemente bajo la lluvia,
> sobre el ataúd,
> seis pies por encima, la gente rezaba.

Una noche tuvieron que sacarlo del bar de Arthur. La gente seguía bailando y la banda tocaba muy fuerte y él no paraba de gritar. Había una chica. Quería bailar con ella y abrazarla, besar su suave rostro y llevarla a casa. «Venga, no te preocupes por la silla, la dejamos aquí, podemos ir a tu apartamento y te puedo quitar la ropa. Puedo acostarme contigo y acariciar tu esbelto cuerpo. Puedo besarte y hacerte el amor. Podemos tener hijos y podré hablarles de la guerra. Podemos tener muchos hijos».

Iba muy borracho, más borracho que nunca. La cabeza le daba vueltas y era imposible oír nada más que un gran ruido que parecía una terrible tormenta.

—Vete de aquí —le decían—. Móntate en el coche y vuelve a casa.

Metieron lentamente el cuerpo en el interior del utilitario. Se reía, reía y cantaba canciones irlandesas.

—Espabila —podía oírlos decir—, espabila, que te llevamos a casa.

Parecían divertidos personajes de dibujos animados. Acomodaron las inertes extremidades inferiores en el asiento delantero del coche.

—Eso es, bien —decían.

Una chica se reía en el asiento trasero. El conductor le dijo que se callara.

—¿Estás bien? ¿Va todo bien? —le preguntó su amigo.

—Va muy borracho, está destrozado —dijo la chica—, vamos a llevarlo a casa ahora mismo.

—¿Cómo tienes las piernas? ¿Bien?

La bolsa de orina. Movió la mano lentamente hasta llegar a la bolsa de goma para la orina. Estaba rígida como una piedra y tenía los pantalones empapados y poco a poco manchaba el asiento.

—Se está meando en el puto asiento —dijo la joven—. ¿Qué hacemos?

—Llevarlo a casa. Lo dejamos allí.

Lo llevaron a casa, lo sentaron en la silla de ruedas, había dejado el asiento delantero del coche empapado. Era muy tarde y la joven parecía presa del pánico. Los dos chavales lo empujaron por la rampa de madera que su padre había construido. Lo había preparado todo poco antes de que él saliera del hospital. Su padre había trabajado mucho en la rampa para que le fuera útil a su hijo, que acababa de volver de la guerra. Era una obra de arte, como la habitación a medida, con ducha dentro. Las habitaciones habían sido reorganizadas ex profeso y tenían un pasamanos para él. Todo estaba pintado de rojo, como el resto de la casa. El padre había trabajado duro para hacer la rampa, como había trabajado duro en la tienda de ultramarinos durante veinticinco años, como había trabajado duro en todo lo que había hecho en su vida.

La madre gritó cuando lo vio entrar. Gritaba como una histérica cuando el padre se inclinó sobre él, lo levantó y lo acostó en la cama. Depositó el cuerpo con cuidado y conectó el tubo de plástico. Luego, le quitó los pantalones empapados de orina y le quitó la rígida bolsa de goma.

—Estoy jodido, estoy jodido —decía el chaval.

Su madre entraba y salía de la habitación como loca.

—¡Está borracho, está borracho! —le repetía al padre—, ¡tenemos un borracho por hijo!

El viejo no le prestaba atención. Fue a buscar una toalla tibia y empezó a lavar a su hijo. Lo último que hizo fue conectar el tubo de goma que entraba en el pene del joven al largo tubo de plástico que iba a la bolsa colgada en un lado de la cama. Eso era lo que les habían enseñado a hacer las enfermeras del hospital. Era muy importante enganchar el tubo de goma al tubo de plástico cuando se iba a la cama por la noche para que todo funcionase bien, para que todo estuviera en orden. Lo hizo tal como les habían dicho y, después de arropar al hijo hasta el cuello, el padre salió de la habitación.

Se apagaron las luces en la casa. El joven se giró lentamente hasta que se apoyó sobre ambos codos con la cabeza hundida en la almohada. Quería olvidar aquella noche terrible. Quería olvidarla, y también todo lo demás, las piernas paralizadas, la insensibilidad. Estaba perdido, más perdido que nunca. Perdido en una especie de limbo, muerto en el limbo. Quería explotar, salir de aquel cuerpo loco y paralizado y volver a ser un hombre. Quería volver a ser libre, caminar por el césped del jardín. Quería ir corriendo a lo de Sparky y cortarse el pelo, quería jugar al *stickball* con Richie, hacer *swing* con el bate, volver a sentir la grava de Hamilton Avenue bajo los pies. Quería estar de pie en la ducha todas las mañanas con el agua caliente que le corriera por la espalda y por las piernas.

Tenía muy claro que lo que le pasaba era tan definitivo como la muerte.

Nadie —se dijo— quiere pensar en el final, en la muerte, en cosas que se acaban abruptamente o que no pueden explicarse. Cuando alguien muere —pensó— la gente simplemente lo entierra, lo entierra y de pie sobre la tumba dice unas palabras que ayudan a explicar por qué las personas tienen un final, palabras hermosas como las flores y las lápidas, palabras que ayudan a otros a darse cuenta de que eso no es el final, sino el comienzo de algo maravilloso. Les resulta muy fácil recitar las palabras, negar que aquello sea el final. ¿Por qué no decían esas palabras con él en la cama? ¿Por qué no le decían que todo este asunto, toda esta locura, la parálisis, no era algo definitivo? Pero para él no había palabras de consuelo ni personas alrededor, nadie que le dijera que las cosas volverían a ser hermosas. Un final así no era un nuevo comienzo. Empezaba a quedar muy claro que su condición no iba a cambiar, que no habría reconciliación con la mitad inferior del cuerpo, que parecía completamente perdida para siempre. Estaba bajo la lluvia, encerrado, y no había nadie. Era algo feo, frío y definitivo.

Vio desaparecer la isla una vez que el avión despegó del aeropuerto John Fitzgerald Kennedy. Era la primera vez que viajaba desde que había vuelto de la guerra, iba él solo a alguna parte. La silla de ruedas estaba a salvo empacada en la carlinga del avión y él era apenas uno más entre muchos pasajeros, sentado allí como cualquier otro. A veces, cuando iba en el coche, conduciendo con los pedales adaptados, y recorría el vecindario y el pueblo, tenía la misma sensación. La sensación de sentirse realmente libre, que no podía experimentar de otra manera, a no ser que lograra levantarse de la silla.

Llevaba mucho tiempo pensando en ir a México. En el hospital encontró un folleto que decía que había un sitio donde atendían a personas como él, un lugar llamado Villa del Sol. Incluso conoció a un tipo que había estado allí y que le habló de un burdel al que había ido donde las putas eran muy comprensivas e incluso los hombres paralíticos podían echar un polvo. Después de eso, pensó que podría quedarse para siempre en Villa del Sol. En su fuero interno sabía que era capaz de hacer el amor otra vez, a pesar de que sus partes hubiesen quedado destruidas en la guerra.

Era de noche cuando llegó a Guadalajara. Un hombre llamado Rahilio lo recibió en el aeropuerto y lo subió a una camioneta Ford. Había sido un viaje largo y aún le quedaba otro trecho considerable hasta Las Fuentes y hasta la villa, pero estaba feliz de hallarse en México. El hijo pequeño de Rahilio iba en el asiento de atrás, a su lado, y cantaba una canción que no podía entender. Abrió la ventana y observó el oscuro campo mexicano.

A la mañana siguiente, el gran comedor lleno de sillas de ruedas le pareció un lugar emocionante. Había mucha gente que hablaba y reía y el sol resplandecía reflejado en las paredes blancas y en las mesas con vajillas de colores. Había viejos y jóvenes, veteranos de todas las guerras. Los asistentes corrían de un lado a otro y ayudaban a los hombres que no podían utilizar las manos para comer. Le hacía bien estar con personas como él. Se sintió aceptado. Pensó que tal vez podría volver a sentirse un ser humano.

Era el 4 de julio y esa noche, después de cenar, la esposa de Rahilio se le acercó con un gran pastel y todos le cantaron el cumpleaños feliz. De alguna manera, se habían enterado de que era su cumpleaños.

Advirtió que podría vivir bien allí si quisiera. Algunos de los veteranos que había conocido planeaban quedarse en Villa del Sol para siempre. Entendió que había muchas razones para no volver a Estados Unidos. Algunos hombres se pasaban el día jugando a las cartas, otros bebían de más y tenían que acompañarlos a las habitaciones. Hacían mucho ruido mientras jugaban a las cartas, abrazados a las mujeres, mexicanas de grandes pechos. Era algo que nunca iba a ver en su país. Otros sencillamente se quedaban en las habitaciones escribiendo cartas o leyendo el periódico.

Pasó una semana antes de que empezara a sentirse inquieto, antes de que se cansara de estar sentado en la villa. Era domingo y le preguntó a Rahilio si podía ir a la iglesia con él y con sus hijos. Había un gran silencio en la pequeña capilla de estilo español, los hombres sentados a un lado y las mujeres al otro. Vio que algunos pajarillos volaban sobre el altar durante la misa, piaban y cantaban. Después de la misa le dijo a Rahilio que quería ir a la ciudad.

Se sentía solo y quería darse una vuelta... Había recorrido casi cinco mil kilómetros y ahora, por fin, iba en un taxi y tal vez en alguna de las casas de la ciudad pudiese encontrar una mujer como aquellas mujeres de las que le habían hablado, una mujer que lo quisiera e hiciese que su cuerpo destrozado volviera a la vida, que se acostara junto al desfigurado y lo amase como si nunca le hubiera pasado nada. Suplicó en lo profundo de su ser que una mujer, cualquier mujer, se acostara a su lado. En el hospital miraba con frecuencia a las enfermeras y a las visitantes y le parecía una locura que el mismo Gobierno que le daba su buena pensión a los heridos de guerra no pudiera proporcionarles una persona amable, alguien que los cuidara.

El taxista lo dejó en la puerta del hotel Hilton. Almorzaría allí muchos días. Acabado el almuerzo, se dedicaba a dar vueltas por la ciudad, tomaba taxis, empujaba la silla todo lo que podía hasta que le empezaban a doler los brazos. Siempre encontraba quien le ayudara a subir y bajar de las altas aceras mexicanas. Había hermosas iglesias y estatuas dondequiera que mirase, y el cielo estaba despejado la mayor parte del tiempo.

Finalmente, una tarde se acercó al tipo que trabajaba en la recepción del Hilton y le preguntó dónde estaba el burdel más grande de la ciudad. El tipo de detrás del mostrador le anotó la dirección. Se condujo con la silla de ruedas hasta la calle y tomó un taxi.

La joven era muy guapa y la máquina de discos sonaba mientras ella empujaba la silla de ruedas rumbo a la habitación. Había un colchón viejo en el suelo, allí se tendió y comenzó a desabrocharse la camisa, sin dejar de mirar a la joven mientras ella se quitaba la ropa. Se acostó en la cama junto a él y le preguntó por qué no se quitaba los pantalones.

—No puedo —balbuceó. Le resultaba muy difícil hablar de ello—. No puedo quitármelos —dijo, y le hizo un gesto—: Paralítico de guerra.

Ella lo miró. Parecía muy confundida.

—La guerra —dijo—, Vietnam. ¿Has oído hablar de Vietnam?

—Vietnam, sí.

—No puedo moverlo —dijo, mostrándole el pene—. ¿Ves esto? —dijo, señalando el tubo del catéter amarillo—, no se me levanta y tengo que usar este tubo. ¿Ves este tubo? —dijo, señalándolo de nuevo—. Está bien, no te preocupes, *señorita es muy bonita* —dijo, mirando sus ojos oscuros—. A pesar de todo podemos amarnos.

Las lágrimas le bañaban la cara, ella estaba sentada en la cama junto a él y lloraba.

—¿Ves? —dijo, señalando la cicatriz en su pecho—. Aquí metieron un tubo torácico…

Ella se levantó y empezó a vestirse, sin dejar de llorar. Era muy hermosa y él deseaba acostarse al lado de aquel cuerpo tan cálido y suave, sentirlo con la parte que aún tenía sensibilidad. Pero ella se fue, se fue y no volvió. Ni siquiera le pidió dinero, ni siquiera eso.

Estuvo allí mucho tiempo hasta que entró la *madame* y le dijo que ya era hora de que se largase, que se había hecho tarde. Se puso la camisa y se arrastró por la cama hasta volver a la silla de ruedas. La *madame* lo ayudó a salir a la calle.

Era temprano, estaba a punto de amanecer, y se quedó llorando en la puerta del prostíbulo. Pasó un taxi. El conductor se detuvo y le preguntó:

—¿Necesitas una mujer? Oye, ¿quieres ir a un buen sitio de putas? Sé de uno donde hay una tía que te dejará inconsciente, de las que te follan de verdad.

No había nada que perder, pensó.

El conductor se bajó del taxi y lo empujó calle abajo hasta un lugar que seguía abierto.

—Espera un minuto. Ahora vuelvo —le dijo. Regresó con una gran sonrisa en la cara—. María saldrá enseguida —dijo, y lo empujó hacia el bar.

Una chica joven entró en la sala, se paseó por todas las mesas y luego se acercó a la suya. Tenía el pelo largo y castaño que le llegaba hasta la cintura.

—¿Quieres acostarte conmigo? —le dijo ella. Él la miró y dijo que sí.

Parecía muy animada, los ojos marrones le brillaban como los de un niño pequeño. Él le dio las gracias al taxista, le dio algo de dinero y siguió a la chica hasta uno de los pequeños cubículos.

Esta estaba mucho más relajada que la anterior. Él no tuvo que explicarle nada. Ella se acostó y le tocó la cara suavemente. Lo besó y acercó los senos al pecho de él. Parecía cálida y a gusto. Ella no pareció darse cuenta de que él todavía llevaba los pantalones puestos, ni el catéter, ni la bolsa de goma para la orina, ni nada de eso. Ella lo amaba, se amaron en la cama de la pequeña habitación durante lo que pareció una eternidad. A ella no le importaba la guerra ni ninguna otra cosa. Se rieron, rodaron uno encima del otro, jugaron con las sábanas, y hablaron de muchas cosas. Ella le dijo que tenía una hija, una niña pequeña, y que vivían en la ciudad. Le contó que se sentía muy sola y que realmente no quería hacer lo que hacía, pero era la única manera de ganar dinero y de mantener al bebé. La abrazó como si fuera su hermana, además de su amante.

Se oyó un fuerte golpe en la puerta y el taxista gritó con voz burlona que ya era hora de que saliera. Pero ella se rio y dijo algo en español y se quedaron en la cama casi diez minutos más. Mientras se vestía, ella le preguntó si le gustaría casarse. Le dijo que lo amaba y le anotó su dirección en un pequeño trozo de papel.

—Toma —le dijo.

Lo ayudó a ponerse la camisa y le abrochó los botones.

—Ven a verme mañana a las cuatro —dijo—, puedes vivir conmigo. *Dinero* —dijo, y él le dio quince dólares y ella le ayudó con la silla.

Durante el camino de regreso a Villa del Sol pensó en ella y en cómo vivirían juntos y aprenderían sus respectivos idiomas. Se vio con ella, desnudos ambos, abrazados en la cama, estudiando, con la niña jugando alrededor. Pero luego pensó que no se lo había dicho en serio y no volvió al día siguiente a las cuatro. Fue a un lugar diferente y se acostó con una mujer diferente.

Después de aquello, salió casi todas las noches; solía regresar poco después de que amaneciera y dormía hasta las cuatro de la tarde. Luego se levantaba y se preparaba para ir a la ciudad. Rahilio llamaba a un taxi y lo esperaba en la puerta de Villa del Sol.

Iba de prostíbulo en prostíbulo, con la silla de ruedas por entre las hermosas y muy maquilladas mujeres mexicanas. Buscaba una mesa y esperaba a que alguna se acercara y hablase con él. Por lo general eran amables y no le tenían lástima. Ellas le devolvían la sonrisa, muy interesadas, muy curiosas, y él olía el perfume que llevaban y les miraba los pechos. Dormía con una diferente cada noche. Quería acostarse con tantas como pudiera, intentándolo una vez tras otra.

Una noche, otro veterano de Vietnam que estaba en Villa del Sol se le acercó, un tipo llamado Charlie. Charlie tenía hierba de la buena y le dijo que quería montar una fiesta como Dios manda. Se drogaron y emborracharon juntos, y en el último prostíbulo al que fueron, Charlie se peleó salvajemente con una de las putas. Le dio un puñetazo en la cara porque ella se rio de él cuando se bajó los pantalones y le dijo que ya no se le levantaba. Estaba muy borracho y no paraba de gritar, de bracear y de amenazar con los puños a la gente que se había agolpado alrededor.

—¡Puta asquerosa! Voy a matar a esa puta por reírse de mí. A esa zorra le hace gracia que no pueda mover la polla. ¡Que te follen! ¡Que os follen a todos, malditos hijos de puta! ¡Me hicieron matar niños indefensos! ¡Me hicieron matar bebés! —Charlie no paraba de chillar.

El dueño los amenazó a su vez, les dijo que se fueran y no volvieran, y sabía que alguien los iba a matar si no se largaban de inmediato. Pero se quedó sentado en medio del bar, incapaz de moverse. Lo que Charlie gritaba era exactamente lo que había sentido durante tanto tiempo.

Finalmente, el dueño llamó a un par de tipos y echó a los marines a la calle. Pudieron subirse a un taxi, pero a medio camino Charlie se peleó con el conductor por el dinero que les iba a cobrar, y tuvieron que bajarse y se quedaron tirados en la carretera.

Estuvieron sentados al borde del camino un buen rato, hasta que un camionero mexicano los recogió. Los recogió, sin más, como si fuera lo más normal del mundo encontrarlos a los dos allí en mitad de la nada. Los levantó y los metió en el vehículo. Charlie cantaba cuando llegaron a Villa del Sol. Se había orinado en el asiento; el camionero abrió la ventanilla, pero no se quejó.

De alguna manera, aquello significó el final. Todo había terminado. Ahora veía todo con más frialdad. No regresó a la ciudad la noche siguiente. Pasó un día más en Villa del Sol y luego le dijo a Rahilio que ya había tenido suficiente. Tomó el primer avión y regresó a Nueva York.

Regreso al final del verano. Los días son largos y calurosos y todavía estoy muy inquieto. Me siento en el cuarto de estar de mis padres y trato de ver el partido de béisbol por televisión. Aún voy al bar de Arthur. Empiezo a pensar en buscar un apartamento. Nunca he vivido solo, pero decido intentarlo.

Encuentro uno en Hempstead, cerca de la universidad. El alquiler es de doscientos dólares, pero ya no pienso mucho en el dinero. Gasto la buena pensión que recibo del Gobierno. Recorro Hempstead para comprar muebles y cosas de casa. Compro una máquina de escribir eléctrica, un estéreo enorme y caro, un montón de cuadros. No me importa lo que cuesten las cosas.

Cada mañana voy al baño de mi nuevo apartamento y vomito. Me asusta vivir solo, con el cuerpo paralizado y los recuerdos de Vietnam. Sueño demasiado a menudo con el cabo muerto. La tensión y el miedo me oprimen como un resorte a punto de saltar. Me subo al coche y conduzco durante horas, a veces a demasiada velocidad.

Me he matriculado en la universidad y me encuentro mejor cuando empiezan las clases. Quizás todo lo que necesitaba era volver a estar con gente. Empiezo a mirar atrás y a pensar en el verano, en México. A pesar de la soledad, hubo buenos momentos. Mi primer verano después de la guerra. Me digo que la guerra y el hospital quedaron atrás. Que los mejores años de mi vida están por llegar.

Estoy más decidido que nunca a aprender a caminar con piernas ortopédicas y hago ejercicio durante horas todos los días. En el hospital me enseñaron una manera de estirar un poco las piernas y eso estaba haciendo una tarde en mi segunda semana de clases cuando oigo un chasquido. Suena como la rama de un árbol cuando se quiebra: tenía la pierna izquierda rota. Me entra el pánico, llamo a mi padre. Viene de inmediato y me lleva al hospital, el hospital para veteranos que hay en el Bronx. Paso seis meses allí.

Estoy solo otra vez. Llevo casi un mes acostado en la habitación 17. Me han aislado aquí porque soy un alborotador. Me peleé con la enfermera jefe. Pedí un baño. Pedí que limpiaran el vómito del suelo. Pedí que me trataran como a un ser humano.

Tengo la pierna inflamada, está el doble de gorda de lo normal. El hueso del muslo quedó completamente destrozado, noto el hueso apenas debajo de la piel; sobresale como un cuchillo y muy a menudo la pierna salta en violentos espasmos, el hueso se mueve adelante y atrás y parece un puñal. El yeso grande y tosco en el que me han encerrado no sirve de nada. No va a sanar. Una y otra vez me pregunto por qué ha sucedido, por qué estoy de nuevo en el lugar del que tanto luché por salir.

El médico viene poco. Cuando aparece es solo un minuto para ver si sigo vivo. Entra y sale, murmura algunas palabras. Una vez me llama por otro nombre. Me asusta.

Es como estar en la cárcel. Pero no es una prisión, es un hospital. El hombre alto y flaco que me trae el desayuno me llama Diecisiete.

—¡Diecisiete! —grita, despertándome de un sueño drogado—. ¡Diecisiete! Hora de comer.

Por los pasillos, las enfermeras se mueven como robots programados, empujan carritos metálicos, ponen inyecciones y reparten medicamentos. Hay una enfermera que siempre me dice que estoy loco. Me da dosis extra de un medicamento para atontarme.

Es muy fácil perder la cabeza aquí. Todo funciona bien, pero me pierdo en algún punto del camino, y los otros enfermos que no puedo ver en las habitaciones a mi alrededor también se pierden. Incluso si logro salir de este lugar, creo que incluso si la pierna se me cura, perderé algo. Nadie sale jamás de un lugar así sin perder algo.

Una mañana, muy temprano, el médico entra en mi habitación y me dice que ha pensado que podría ser una buena idea amputarme la pierna. Me dice que cortar la pierna es muy sencillo. Hace que parezca fácil, como si no fuera nada. Creo que son ellos los que están locos. Se mueven muy rápido, tienen todos una prisa ridícula. Este lugar se parece más a una fábrica para descuartizar a la gente que para repararla y recomponerla. No quiero que me corten la pierna. Está paralizada y muerta, pero aun así significa algo para mí. Sigue siendo algo mío. Es una parte de mí y no voy a abandonarla tan fácilmente. ¿Por qué nadie me ayuda?, pienso una y otra vez. ¿Por qué me han olvidado aquí?

Algo me está pasando en la habitación 17. Me acuesto y miro las paredes de la pequeña caja verde en la que me han metido. Las paredes están casi tan sucias como el suelo y ni siquiera puedo mirar por la ventana. Siento que estoy cambiando, la ira crece en mi interior, y con una fuerza que no puedo controlar. Aprieto el botón de llamada una y otra vez. No viene nadie. Estoy acostado sobre mis propios excrementos y nadie viene. Empiezo a gritar y chillar. Agarro una bolsa de hielo y la jarra de agua. Las tiro al pasillo, salpicando agua y hielo por todo el suelo. Llevo casi una hora gritando cuando pasa uno de los asistentes. Asoma la cabeza por la puerta, se burla de mí y se echa a reír.

—Soy un veterano de Vietnam —le digo—; luché en Vietnam y tengo derecho a que me traten con dignidad.

—Vietnam —dice el asistente en voz alta—, Vietnam no significa nada para mí ni para mucha otra gente. Puedes coger tu Vietnam y metértelo por el culo.

Estoy en la sala de cuidados intensivos. Hay tanto silencio que puedo oír el tictac del gran reloj redondo en la pared verde. Casi todos son ancianos. Están conectados a máquinas complicadas. El reloj sigue con su tictac. Me miro el cuerpo. Tengo puntos grandes en la pierna y dos tubos de plástico: uno introduce un líquido transparente y el otro saca un líquido rojo brillante de la herida. Hay una máquina al lado de la cama que hace ruido y bombea, hace que todo fluya agradablemente. Me doy cuenta de que lo he logrado, he sobrevivido a la operación. No voy a morir y no me han cortado la pierna. Han puesto una placa de acero, la han atornillado y han cosido todo. Saldré pronto de aquí. La pierna sanará y saldré del hospital. Superaré esto y nunca volveré a este lugar.

La bomba se detiene repentinamente. Un asistente se acerca y la patea. La maldice y patea aún más fuerte. No funciona y tengo miedo de perder la pierna.

—Maldita sea —dice—, este hospital no tiene más que cacharros viejos.

Corre en busca de un médico.

El médico que entra no es el que hizo la operación. Es un hombre más joven, de una importante universidad de la ciudad. Me dice que la bomba es vieja y probablemente ya no funcione.

—Bueno, habrá otra en el hospital —digo—, no me creo que un hospital moderno para veteranos no tenga una bomba de repuesto.

El joven médico informa con total naturalidad de que esta es la única bomba que tienen. Es por la guerra, me explica. Todo es culpa de la guerra.

—El Gobierno no nos da dinero para las cosas que necesitamos. Es una lástima, de verdad. No es justo, en absoluto.

—He trabajado muchísimo para no perder la pierna —le digo—, he hecho de todo…

Intento estar tranquilo, tan tranquilo como él.

—Sí —dice, asintiendo con la cabeza—, lo entiendo perfectamente.

Aproximadamente una hora después, la bomba vuelve a funcionar. No hace falta que le den patadas. Se pone en marcha sola. Me dicen que tengo mucha suerte.

La pierna sana poco a poco. Estoy débil, sigo enfermo durante mucho tiempo, pero sobrevivo en el hospital para veteranos del Bronx. A veces grito, grito y tiro cosas por la puerta. Recibo un baño y un enema cada cuatro días. Tengo que vigilar la bomba todo el rato para asegurarme de que no se detenga. Estoy cansado, muy cansado. Un día viene el médico, me saca los dos tubos de plástico de la pierna y me pone pequeñas vendas en los agujeros. Él y un ayudante me colocan en una camilla y me atan. Son muy cuidadosos con la pierna. Tengo dos muletas de hospital y puedo impulsarme y empujar la camilla de un lado a otro de la sala. Son los primeros movimientos en meses, los primeros brotes de libertad, y tengo mucho cuidado de no ir demasiado deprisa.

Paso mucho tiempo en el vestíbulo. No hablo con nadie. Estoy siempre callado. Mi madre y mi padre vienen a verme todas las semanas. No quiero hablar ni siquiera con ellos. No les cuento nada de lo que he pensado sobre la guerra, la herida y el hospital, cosas que empiezan a darme vueltas y vueltas en la cabeza. He empezado a ver a dónde conduce todo esto. Les haría daño si lo supieran.

Estaba en Vietnam cuando oí por primera vez que miles de personas protestaban contra la guerra en las calles de Estados Unidos. Al principio no quería creerlo: gente protestando contra *nosotros* cuando estábamos arriesgando nuestras vidas por nuestro país. Los hombres de mi batallón solían hablar mucho de ello. ¿Cómo pueden hacernos esto? Muchos no íbamos a poder volver y muchos otros lo harían heridos o mutilados. Juramos que lo pagarían, los hippies y los que quemaban las cartillas militares. Lo pagarían caro si alguna vez nos topábamos con ellos.

Pero el hospital lo cambió todo. Acabó con lo que aún pudiera creer sobre lo que había hecho en Vietnam. Ahora quería saber por qué había tenido que perder las piernas, por qué habíamos tenido que ir. Pero aún me resultaba muy difícil pensar en pronunciarme contra la guerra, pensar en unirme a aquellos a quienes una vez llamé traidores.

Me instalé nuevamente en el apartamento y volví a la universidad. Era la primavera de 1970. Aún asistía a las clases con corbata y suéter todos los días y llevaba el pelo corto. Me importaba lo que dijera la gente que me veía en la silla de ruedas. Me encerré en los libros, me aislé de los demás estudiantes. Era como si me amenazaran, especialmente los activistas, los radicales.

Estaba en mi apartamento, a solas, con la radio, cuando oí por primera vez las noticias sobre Kent State. Habían disparado a cuatro estudiantes en una manifestación contra la invasión de Camboya. Por un momento, me sentí conmocionado. Tenía ganas de llorar. La última vez que me había sentido así fue el día que mataron a Kennedy. Recuerdo haberme dicho a mí mismo «todo se derrumba». Fui hasta el coche. No sabía adónde me dirigía, pero tenía que encontrar otras personas que sintieran lo mismo que yo. Conduje hasta la universidad. Los estudiantes se congregaban en pequeños grupos por el lugar. El campus parecía a punto de explotar. Estaba repleto de pancartas y había monitores con brazaletes rojos que iban de un lado a otro y repartían folletos. Iba a haber una marcha, una manifestación. Lo pensé detenidamente un momento, o dos, luego decidí participar y avancé con el coche cerca de los cientos de estudiantes que se dirigían hacia el gran parking donde estaba prevista la manifestación. Toqué la bocina en señal de apoyo, pero aún tenía algunas dudas. Seguí el mitin desde el coche, escuchando atentamente a los oradores y animando y gritando al compás de la multitud. Me comportaba solo como un espectador. La última oradora fue una mujer que dijo que el próximo sábado habría una gran manifestación en Washington y que esperaba que todos pudieran asistir. Decidí ir.

Esa noche llamé a Skip, el marido de mi prima Ginny. Solía ir a visitarme al hospital cuando estuve allí por primera vez y después nos hicimos buenos amigos. A veces nos quedábamos despiertos toda la noche en su casa jugando a las cartas y hablando de Vietnam y de lo que me había pasado. Las opiniones de Skip eran muy diferentes a las mías en aquel entonces. Se declaraba en contra de la guerra y, cada vez que iba a su casa, antes de irme, me daba libros para que los leyera, libros sobre los negros y los pobres del país. Al principio me reía de él y no me tomaba sus libros demasiado en serio, pero en la habitación me sentía solo y pronto empecé a leer. Luego, siempre que lo visitaba, le pedía más libros. Skip pareció sorprenderse cuando le pedí que me acompañara a la manifestación, pero dijo que sí, y el sábado por la mañana, temprano, partimos hacia Washington.

La autopista de Nueva Jersey estaba repleta de coches pintados con banderas y consignas, y por todas partes había gente que hacía autostop con grandes símbolos de la paz hechos de cartón. No era necesario preguntar adónde iban. Todos íbamos al mismo sitio. Washington era una locura de autobuses, camiones y coches, que llegaban de todas direcciones.

Conseguimos aparcar y cambié la corbata y el suéter por ir sin camiseta y con un pañuelo rojo en la cabeza. Skip empujó la silla de ruedas durante lo que pareció un kilómetro y medio más o menos. Podíamos sentir la tremenda tensión.

La gente repartía folletos para recordar a todos que se trataba de una manifestación pacífica y que una confrontación violenta no serviría de nada. Recuerdo sentirme un poco asustado, como antes de una batalla. Después de leer el folleto me sentí mejor, contento de saber que nadie acabaría herido.

Skip y yo nos acercamos lo más que pudimos a la tribuna de oradores y Skip me levantó de la silla y me recostó en el cojín. Un ejército de gente normal y corriente empezaba a llenar La Elipse. Había un tipo con un estéreo a todo volumen y perros corriendo detrás de los *frisbees* en el césped. Los hare krishna empezaron a bailar y aquello parecía un carnaval extraño. Pero había calidez en todo ello, la sensación de que estábamos unidos en un lugar muy importante para hacer algo importante. Una joven se sentó a mi lado y me entregó una cantimplora con agua fría.

—Toma —dijo—, bebe un trago.

Bebí y se la pasé a Skip, que se la pasó a otra persona. Esa fue la sensación que me dejó aquel día. Todos parecíamos compartirlo todo.

Escuchamos a los oradores, uno tras otro, denunciar la invasión de Camboya y el asesinato de los estudiantes en Kent State. El sol picaba y Skip y yo decidimos cambiar de sitio. Queríamos llegar a la Casa Blanca, donde Nixon se había recluido, probablemente delante del televisor. Había un mar de gente, miles y miles de personas a nuestro alrededor. Finalmente llegamos a Lafayette Park. Al otro lado de la avenida, el Gobierno había alineado treinta o cuarenta autobuses, levantado un enorme muro entre la multitud y la Casa Blanca. Recuerdo que entonces me preguntaba por qué tenían que poner todos esos autobuses para proteger al presidente. ¿Tanto miedo tenía el Gobierno del pueblo que necesitaba una barricada tan gigantesca? Siempre recordaré los autobuses alineados aquel día y no poder ver la Casa Blanca desde la silla de ruedas.

Volvimos al mitin un rato y luego bajamos hasta el estanque. Cientos de personas se habían quitado la ropa. Saltaban arriba y abajo al ritmo de bongós y de latas. Un hombre de unos cincuenta años se había desnudado por completo. Vestido únicamente con un sombrero de aspecto alocado y unas enormes gafas negras, bailaba sobre una plataforma en medio de cientos de personas desnudas. La multitud aplaudió frenéticamente. Skip dudó un momento, luego se quitó la ropa, se tiró al estanque y se unió a los demás. No sabía qué tenía que ver todo esto con la invasión de Camboya o los estudiantes asesinados en Kent State, pero era libertad total. Mientras estaba sentado en la silla de ruedas al borde del estanque, con gente que corría desnuda a mi alrededor y los aplausos y los tambores, quise unirme a ellos. Quería quitarme la ropa como Skip y los demás, meterme en el estanque y que mi cuerpo estuviera en contacto con los de aquella gente. De repente, todo me impactaba. Una parte de mí estaba molesta porque la gente nadaba desnuda en un monumento nacional y otra parte comprendía que ahora era una piscina, y ¿de qué sirve una piscina si no puedes pegarte un chapuzón?

Recuerdo que llegó la policía por la tarde, de repente, cuando mirábamos la puesta de sol. Una legión azul de policías en coches y motos y otros con cara de pocos amigos a lomos de caballos enormes. Un policía alto se acercó a la multitud cerca del estanque y con un megáfono leyó algo que nadie entendió. Los tambores cesaron y algunas personas desnudas comenzaron a vestirse. Era casi de noche y cuando la mayoría de las fuerzas del ejército invasor tomaban de vuelta la autopista de Nueva Jersey, la legión azul decidió atacar. Y lo hicieron. Metieron los caballos en la piscina, sacaron las porras, rompieron crismas. La gente corría de aquí para allá cuando empezaron a caer bombas lacrimógenas. No podía entender por qué, por qué la policía atacaba a la gente, la perseguía a caballo por la hierba y la aporreaba. Dos o tres caballos cargaron al galope contra la multitud y obligaron al ejército invasor a retirarse hacia el Lincoln Memorial. Una joven lloraba y gritaba tratando de ayudar a su amigo, que sangraba. Les gritaba algo a los cerdos y retrocedía para evitar los caballos y las porras voladoras. Por primera vez aquel día sentí que la ira me invadía. Ya no era un observador sentado en el coche en los aledaños de una manifestación. Estaba en la refriega, y no me gustaba. Skip empezó a empujar la silla lo más rápido que pudo hacia el Lincoln Memorial. No dejé de volverme, de mirar atrás. Quería gritarles a los policías que atacaban, decirles que era un veterano de guerra.

Cuando llegamos al monumento, recuerdo haber mirado la cara de Lincoln y leer las palabras esculpidas en el muro. Estaba seguro de que, de seguir con vida, habría estado allí con nosotros.

Le dije a Skip que ya no podría volver a ser el de antes. La manifestación había despertado en mí algo que me iba a acompañar para siempre. Aquello era muy diferente a lo del campo de entrenamiento y a luchar en la guerra. Había una comunión, tal como la había habido en Vietnam, pero era una comunión entre otra clase de personas y por una razón muy distinta. En la guerra matábamos y mutilábamos a la gente. En Washington, aquella tarde de un sábado de mayo, intentábamos curarlos y liberarlos.

Pronto será mi turno de hablar. Me han subido al escenario del auditorio de un instituto que se parece mucho a aquel al que fui, en un pueblo que se parece mucho al mío. Miro las caras de los jóvenes. Unos niños. Se reían y bromeaban cuando entraron, tal como solíamos hacer nosotros. Ahora guardan silencio, nos miran a Bobby Muller, mi amigo del hospital militar que les habla desde su silla de ruedas, y a mí.

Es como el día que llegaron los marines a reclutar. Lo recuerdo como si fuera ayer, los zapatos brillantes y los uniformes, los fuertes apretones de manos, los sueños, las medallas, las colinas tomadas con Castiglia a mi lado, la cantimplora de la tienda militar tintineando, las películas, los libros, las armas de plástico, todo en 3-D y la espiral de explosivos con los colores del arco iris. Salvo que hoy, en esta ocasión, somos Bobby y yo. ¿Qué habría pasado si aquel día hubiera visto a alguien como estoy yo ahora, a un tipo en silla de ruedas, sentado frente a la clase de último curso sin decir una palabra? Quizá las cosas hubieran sido diferentes. Quizá no habría hecho falta nada más.

Bobby cuenta su historia y yo contaré la mía. Me alegro de que me haya traído aquí y de que nos presten atención, de que vean la guerra de primera mano: los muertos en vida, los recuerdos vividos, dos jóvenes a los que dispararon.

Nunca he hablado antes en público, pero ha llegado el momento. Pienso en lo que puedo decirles. Me dirijo al centro del escenario. Empiezo con la historia del hospital.

V

Después de la charla en el instituto fui cada vez menos a la universidad. De repente, estudiar ya no parecía tan importante. Lo que realmente quería hacer era seguir hablando. Bobby y yo pronunciamos juntos un par de discursos más en institutos y una vez, solo, di uno en una universidad. Era noviembre y hacía frío. Odio el frío desde que me hirieron. La nieve se me asemeja una cárcel. Me resulta muy difícil salir de casa y moverme. Sentía que ya llevaba demasiado tiempo quieto; nunca había vivido a más de unos pocos kilómetros de la casa de mis padres, excepto los años que estuve en Vietnam. Durante un tiempo pensé en hacer otro viaje a México, pero poco antes de Navidad mi amigo Kenny vino desde California y me preguntó si quería volver con él y vivir allí. Me entusiasmó la idea. California parecía un lugar cálido y hermoso, otro planeta. Ordené y limpié el apartamento un domingo por la tarde y les dejé todos los muebles que tenía a mamá y papá. Cargamos el coche por la noche y a la mañana siguiente Kenny y yo nos pusimos en marcha.

Tres días después llegamos a Texas. Era Nochevieja. Celebramos el fin de año en un bar de Longview con una partida de billar. Al día siguiente nos levantamos temprano y fuimos directamente a Las Cruces, Nuevo México. Recuerdo que el viento arrastraba matojos secos que pasaban volando delante del coche, y polvo por todas partes. Quería ir directamente a Los Ángeles, pero Kenny y yo no habíamos comido más que unos pocos sándwiches en los últimos días y necesitábamos dormir bien. Nos detuvimos en un motel para pasar la noche y tomamos un buen desayuno con café caliente y huevos revueltos antes de volver a conducir. Incluso Kenny se emocionó aquella tarde cuando pasamos el Gran Lago Salado. Condujo él el resto del camino y yo me senté a su lado con la ventanilla abierta a observar los naranjos y los árboles que se dejaban ver a medida que salíamos del desierto. Es California, me decía una y otra vez, es California. Anochecía cuando llegamos a Los Ángeles y las luces se encendieron por toda la ciudad, una gran expansión de pequeñas velas parpadeantes. No importaba lo que Kenny o cualquier otro me dijese, esto era el paraíso y, como los pioneros que me precedieron, iba a convertirlo en mi hogar. Llegamos a Heliotrope Avenue y aparcamos frente a la casa de Kenny. Entramos en su pequeño apartamento, encendimos el aire acondicionado y nos quedamos dormidos, exhaustos.

Alquilamos un apartamento más grande cerca del océano aquella misma semana y al poco Kenny dejó las clases. Pasábamos juntos todo el tiempo. Fue maravilloso estar con alguien que me conocía desde siempre. Todos los días íbamos a nadar con dos chicas que vivían al lado y Kenny se compró una motocicleta nueva. Me montó en ella atado a su espalda el día que la trajo a casa.

Llevaba aproximadamente un mes en California cuando un día apareció una gran fotografía en la portada del *L. A. Times* de un grupo de veteranos que habían ido a Washington, se habían quitado las medallas y las habían tirado. Fue una de las manifestaciones contra la guerra más conmovedoras de la historia. Habría dado cualquier cosa por estar allí con ellos. Lo leí sentado junto a la piscina del Santa Mónica Bay Club, con una ridícula camiseta de Mickey Mouse. De repente, supe que llevar una vida fácil nunca iba a satisfacerme del todo. La guerra no había terminado. Ya era hora de unir fuerzas con otros veteranos.

Fui a casa y llamé a un par de conocidos. Uno de ellos me dijo que había una reunión de Veteranos de Vietnam contra la Guerra (VVAW) en un apartamento en Los Ángeles esa misma noche. Aún no las tenía todas conmigo, pero también estaba impaciente por conducir hasta allí.

Recuerdo lo amables que fueron conmigo desde el primer momento. Cuando llegué, un grupo de veteranos me esperaban fuera para subirme con la silla de ruedas por las escaleras.

—Hola, hermano —me dijeron—. ¿Podemos ayudarte, hermano?, ¿hay algo que podamos hacer algo por ti?

De repente todo pareció cambiar; la soledad pareció desvanecerse. Me vi rodeado de amigos. Eran los nuevos veteranos, los nuevos soldados con gorras y uniformes de camuflaje, y estaban aquí, en las calles de Estados Unidos. Empecé a sentirme más cercano a ellos que a la gente de la universidad y del hospital, y que a quienes me habían dado la bienvenida en Massapequa. Tenía mucho que ver con lo que todos habíamos pasado. Podíamos hablar y volver a reír. Podíamos ser sinceros al hablar de la guerra y de nosotros mismos. Antes de cada reunión nos dábamos un apretón de manos, incluido un gesto con el pulgar y el puño: significaba que íbamos a cuidar de nuestros hermanos.

Éramos hombres que habían ido a la guerra. Cada cual tenía una historia que contar, su propia pesadilla. La guerra nos había marcado. Llevábamos insignias y uniformes.

Hablamos de muerte y atrocidades entre nosotros con una tranquilidad poco habitual.

Recuerdo ser un manojo de nervios y ansiedad en la primera reunión. Les dije: llevadme a dar charlas, llevadme a sitios donde pueda mostrar esta silla de ruedas. Tenía muchas ganas de ponerme en marcha cuanto antes. Los hermanos me dijeron que me calmara y que no me preocupase, que habría muchas oportunidades de hablar, que era el momento de organizarse.

Después fui a la cocina a por una taza de café y uno de los muchachos se me acercó y me dio un gran abrazo. Me abrazó durante un buen rato y, cuando me soltó, estaba llorando.

—Te quiero, hermano —dijo, secándose los ojos, y añadió—: Lo siento, realmente lamento haber hecho esto.

—No te preocupes —dije—, yo también te quiero. Entonces, ¿cuándo doy mi primera charla?

Me dijeron que fuera a un mitin en Pasadena al día siguiente. Iba a hablar a mediodía junto con un par de personas más.

La VVAW me envió a dar muchas charlas, y pronto empecé a salir continuamente en la televisión. En una cadena hubo una gran discusión con una productora que no quería a un veterano mutilado en su programa.

—Ya hemos visto suficiente —me dijo por teléfono—. Durante los últimos años, todas las noches la gente lo ha visto en las noticias de las seis y está harta.

Trató de ser amable y me dijo que había leído un libro llamado *Johnny cogió su fusil,* así que sabía de qué iba la cosa, pero no le parecía de buen gusto dejar que la gente de Los Ángeles viera a un lisiado un domingo por la mañana.

Unas semanas después, estaba en un mitin cuando Donald Sutherland se puso a leer las últimas páginas del libro del que me había hablado la mujer, el del chaval de la Primera Guerra Mundial que, como yo, es enviado al infierno y pierde casi todo, y no es más que un armatoste, un trozo de carne. Sutherland empezó a leer y se apoderó de mí una sensación que nunca olvidaré. Era como si alguien estuviera hablándome de todo lo que pasé en el hospital. Era como si el libro hablara de mí, de mi herida y del infierno del que había vuelto y de cómo aprendía a vivir con él. Empecé a temblar y recuerdo que tenía lágrimas en los ojos. Antes de que Sutherland terminara, me encontré empujando mi silla hacia el escenario y diciéndoles que quería que me subieran por las escaleras.

—Tengo un poema —les dije—. Tengo un poema que he escrito sobre los veteranos que se deshicieron de las medallas y quisiera leerlo.

Rompieron el protocolo y subieron la silla de ruedas al escenario. Me acerqué al micrófono y comencé a leer. La multitud vitoreó cuando terminé y nuevamente se me saltaron las lágrimas. Dije un par de cosas que no recuerdo.

Las semanas siguientes el teléfono no dejó de sonar. Había todo tipo de clubes y escuelas que querían oírme hablar. Escribí los nombres y las direcciones en trozos de papel y llené las paredes del apartamento.

Y me dediqué por entero a hablar contra la guerra. Y lo hice de la misma forma en que había abordado todo lo demás que había hecho en mi vida; la forma en que había practicado el salto con pértiga, el béisbol o servido en los marines. Pero esto era algo que significaba mucho más que ser un atleta o un marine. Pude ver que esta cosa, el cuerpo que había entrenado tan duro para ser fuerte y rápido, el cuerpo que ahora arrastraba conmigo como un cadáver vacío, iba a significar mucho más de lo que jamás había imaginado. Mucho más de lo que sabía la noche que lloré contra la almohada en Massapequa porque mi juventud había sido profanada y mi humanidad física, saqueada. Creía de verdad que, si lograba hablar con cuantas más personas, podría detener la guerra. Sinceramente, pensaba que la gente me escucharía por lo que yo era: un veterano, un estadounidense herido. Iban a escucharme. Cada vez que tenía la oportunidad de mostrar mi cuerpo roto ante las cámaras o ante un auditorio, me volvía loco. Sí, que vean cómo estoy. Que se les recuerde lo que hicieron cuando enviaron a mi generación a la guerra. Una mirada sería suficiente. Vale más que mil discursos. Pero si querían discursos, también podía darlos. No había final para lo que tenía que decirles.

—Soy un ejemplo de lo que es la guerra —decía—, mírenme. ¿Quieren que sus hijos acaben así? ¿Quieres ponerte un uniforme y volver a casa como yo?

Algunas personas no podían creer lo que contaba sobre las condiciones de los hospitales. Otros no querían creer nada de nada. Después de un programa de televisión, un cámara me llamó traidor comunista a la cara. Empujaba la silla por las escaleras del estudio y me preguntaba si me dejaría caer. Seguí recibiendo cartas de personas que me insultaban y me decían lo que iban a hacer conmigo si no dejaba de ayudar al enemigo.

Las charlas en público siguieron y siguieron, y también la guerra, que parecía ya interminable. Mis amigos me dijeron que estaba empezando a sonar como un disco rayado. Incluso a Kenny le pareció mal mi nuevo papel de activista y veterano pacifista y se fue a Nueva York. Casi me volví loco cuando me quedé solo, contestando al teléfono, que no dejaba de sonar, y garabateando más nombres en las paredes. Una noche destrocé el apartamento.

Pensé en parar, pero me daba miedo la soledad. Hablar me había retrotraído todo: el hospital, Vietnam. Cada vez que hablaba de una experiencia era como revivirla. Y había cosas de las que nunca hablé, como lo del cabo de Georgia y el ataque al poblado y los niños muertos por el suelo.

No recuerdo una sola vez en la que estuviera a punto de contarle a alguien exactamente lo que había sucedido allí. En aquel entonces todavía lo llevaba muy dentro y no lo compartía con nadie, ni siquiera con los hombres a los que había llegado a llamar hermanos.

El tráfico del mediodía avanza por Wilshire Boulevard como si la fila de veteranos y ciudadanos de a pie que se manifiestan frente al cuartel general de la campaña de Nixon no estuviera allí.

—¡Únete a nosotros! —gritamos—. ¡Paremos la guerra!

Cortinas oscuras cubren las ventanas de la sede de la campaña donde trabajan los voluntarios para la reelección del presidente. Llevamos aquí dos días y ninguno de los voluntarios se ha asomado. La gente de los coches pasa a toda velocidad, concentrada al volante. ¿Quiénes son estas personas que van a trabajar, a almorzar, como si nada fuera más importante que eso?

—¡Miren! —grito—. ¡Miren lo que es la guerra!

Ni siquiera vuelven la cabeza. Me meto entre el tráfico, me pongo delante de los coches.

—¡Échale un buen vistazo a la guerra! —grito.

Me meto con la silla de ruedas delante de un camión. No pienso, ni siquiera me importa, que me vayan a matar. Les grito para que me miren. En la azotea del cuartel general, las cámaras ocultas de la policía toman fotografías, sé que al menos he conseguido detener el tráfico.

Uno a uno, los demás manifestantes salen de la fila. Se sientan entre los coches, golpean con los palos y gritan con voz ronca: «¡Uno, dos, tres, cuatro, no queremos vuestra puta guerra!». Hemos parado el tráfico, hay cuatro manzanas bloqueadas. Hemos tomado las calles. La gente ahora toca el cláxon, los trabajadores y las secretarias se asoman a las ventanas, los conductores de autobuses gritan su aprobación. Algunos de los manifestantes bailan, agarro ambas ruedas de la silla, luego suelto una mano y levanto el dedo medio en el aire como saludo a la policía y al FBI. Me muevo sobre las dos ruedas delante de todos, mientras continúan los gritos pidiendo que termine la guerra, que cesen las matanzas para siempre. Sigo haciendo cabriolas mientras la policía mira con envidia y absoluto desprecio, inmóvil al otro lado de la calle. Parecen debatirse entre matarnos y quitarse los uniformes y tirar las armas.

—¡Venid, uníos a nosotros! —les gritamos, pero no aceptan nuestra invitación.

Finalmente, un teniente alto anuncia por un megáfono que la manifestación ha terminado y que todos deben retirarse inmediatamente.

—¿Cómo estás, hermano? —dice un pelirrojo melenudo detrás de mí—, ¿va todo bien?

Lo he visto en otras manifestaciones, pero no sé su nombre.

—Parece que te vendría bien un poco de ayuda —me dice, y se ofrece a empujar la silla.

La policía se pone en marcha, se acerca. Puedo oír sirenas a lo lejos. Empiezo a gritar y a dar instrucciones a las personas que me rodean.

—¡Vuelvan a la acera, a la fila! ¡Ahora!

Intento mover la silla, pero no puedo. Lo intento de nuevo.

De repente, el hombre pelirrojo se abalanza sobre mí y me sujeta las manos.

—Estás arrestado.

Otro hombre a quien reconozco del piquete viene deprisa a ayudarlo.

—¡Vamos, cabrón, vas a acabar en la cárcel!

Lucho para evitar que me pongan las esposas, llamo a los demás manifestantes para que me ayuden.

El pelirrojo levanta la silla y me tira a la calle. Caigo de bruces, con las piernas dobladas debajo de mí.

—¡Pon las putas manos en la espalda!

El pelirrojo me golpea la espalda con la rodilla. Hay una tremenda confusión a mi alrededor. Alguien me patea la parte muerta del cuerpo, la que no siente. La gente grita y grita y por todas partes vuelan porras.

—¡Soy un veterano de Vietnam! ¿Sabes lo que estás haciendo? Dios, ¿qué está pasando?

Me agarran los brazos, me los retuercen en la espalda y me ponen las esposas.

—¿No lo entiendes? Estoy paralítico. No puedo moverme, no tengo sensibilidad.

—¡Llevaos a este cabrón de aquí! —grita alguien.

Me patean y me dan puñetazos, luego me arrastran por el suelo. Me arrancan las medallas que conseguí en la guerra y me arrojan de mala manera en la silla, con las manos aún esposadas. Noto que me venzo hacia delante porque no puedo mantener el equilibrio, y el pelirrojo sigue empujándome contra la silla, me grita y me insulta para que me quede quieto.

—No tengo músculos del estómago, ¿no lo entiendes?

—¡Cállate, hijo de puta!

Hay mujeres de pie en la acera llorando, y a mi alrededor golpean y arrestan a la gente. Los dos hombres arrastran la silla hasta un coche camuflado al otro lado de la calle.

El pelirrojo me arroja al asiento trasero, las piernas muertas bajo el cuerpo.

—¡Métete ahí, puto traidor!

Me duele todo y apenas puedo respirar. Sangro en el asiento trasero mientras los dos tipos discuten sobre si me han roto algún hueso o no. Los oigo decir que me van a llevar al hospital de la cárcel del condado para hacerme radiografías.

Y algo les pasa cuando me quito la ropa en la sala de admisión. Se quedan ahí, de piedra. Ven las cicatrices y el catéter de goma que entra en el pene y empiezan a pensar que han cometido un error. Puedo verles el miedo en las caras. Acaban de darle una paliza a un paralítico y lo saben. Ahora van con mucho cuidado, son casi educados. Me ayudan a volver a ponerme la ropa cuando el médico termina conmigo.

—Yo también estuve en Vietnam —dice vacilante el pelirrojo.

—Nosotros tampoco queremos la guerra —dice el otro policía—, nadie quiere la guerra.

Me ayudan a sentarme y me llevan a otra parte del edificio de la prisión para que me fichen.

—¿Cómo te llamas? —dice el funcionario detrás del escritorio.

—Ron Kovic —digo—. Ocupación: veterano de Vietnam contra la guerra.

—¿Qué? —dice sarcásticamente, y me mira.

—Soy un veterano de Vietnam contra la guerra —respondo.

—Deberías haber muerto allí —dice, y se vuelve hacia su asistente—: Me gustaría coger a este tipo y tirarlo desde el tejado.

Me toman las huellas dactilares, me hacen fotografías y me meten en una celda. He empezado a mojar los pantalones, como un crío. El tubo se salió durante el examen médico. Intento quedarme dormido pero, aunque estoy exhausto, la ira sigue viva, como si una piedra enorme me ardiese en el pecho. Apoyo la cabeza contra la pared y oigo cómo tiran de la cadena del váter una y otra vez.

Me sacan de la celda a la mañana siguiente, alrededor de las diez. Me llevan a otra zona de la cárcel hasta que alguien venga a pagarme la fianza. Durante la manifestación arrestaron a otros diecisiete veteranos. Los sacan de las celdas uno a uno, los esposan y hacen con ellos una cadena de presos. Les miro las caras y me pregunto cuál de ellos será como el de la melena pelirroja y el otro policía que se hicieron pasar por veteranos el día anterior. ¿Quién es el chivato ahora?, me pregunto para mis adentros.

Me dicen que me aparte del camino. No pueden alinearme con los demás.

—Es muy difícil con esta silla —se queja uno de los policías.

—¿No quieres volver a ponerme las esposas? —le digo—. ¿No crees que necesite grilletes en los pies, como los demás?

Me mira sorprendido, luego se da vuelta y grita:

—¡En marcha!

Los veteranos golpean las cadenas contra el frío suelo de cemento mientras pasan a mi lado para salir del pabellón. Diecisiete veteranos de Estados Unidos arrastran sus cadenas, esposados unos a otros: los hijos de Estados Unidos. Lloro porque quiero caminar con ellos y porque quiero confiar en ellos. Pero después de lo sucedido no sé si podré confiar en alguien, ni siquiera en los amigos más íntimos. ¿Qué me están haciendo?, me digo. Después de todo lo que me han quitado, ¿aún no están satisfechos? ¿Qué más quieren?

Después de una charla en una iglesia en Compton conocí a una mujer. Hice llorar a toda la congregación y al terminar una mujer muy guapa con un vestido largo se me acercó y comenzamos a hablar. Salimos y seguimos hablando hasta bien entrada la noche. Ella me dio su número de teléfono y me dijo que tenía dos hijos y que, si no estaba ocupado, la próxima semana fuera a verla. Era maestra de escuela y se llamaba Helen. Nos llamamos todos los días de esa semana y una noche fui a su casa. La besé en el camino de entrada con el motor de mi elegante Oldsmobile aún en marcha. Era la primera vez que estaba cerca de una mujer desde que fui a México. Me llamó al día siguiente y me dijo que me amaba. Al principio me pareció una estupidez.

Poco después fui a las montañas con un grupo de cuáqueros. Recuerdo haber estado despierto toda la noche en una casa cerca de su escuela primaria. El dueño de la casa era un tipo lisiado; creo que había tenido la polio. Se había divorciado de su esposa, pero ese fin de semana ella estaba allí, en la casa, con su novio, haciéndolo en el sofá. El tipo en silla de ruedas no estaba, pero incluso si hubiera estado, según dijeron, no le habría importado. Recuerdo que me ofrecieron su habitación y que había estanterías con cientos de libros. Me quedé despierto toda la noche y cuando finalmente me levanté, a la mañana siguiente, vomité en el inodoro. Pensaba en la esposa del tipo en el sofá con su novio y en Helen, que había dicho que me amaba.

La llamé tan pronto regresé. Era hermoso que alguien me quisiera y ella volvió a decirlo. Esa noche fui a su casa y dormimos juntos en su cama. En la habitación, que era pequeña y estaba cerca de la cocina, había una fotografía, una fotografía de la boda de ella y su exmarido, vestidos con sus mejores galas. Dijo que era un perdido, pero que todavía se preocupaba por él. Sencillamente no era lo bastante responsable como para cuidar de ella y de los niños. Recuerdo que puso la radio y sonó una música suave. Todo esto me produjo una extraña sensación de vacío. Me acosté con ella por segunda vez poco antes de regresar a Nueva York. Le expliqué que me iba y que la vería en uno o dos meses. No le dije que me molestaba que me llamase continuamente y me dijera que me amaba; solo que ya estaba harto de California.

Recuerdo un par de veces que lo pasé muy mal cuando volví a casa, que lloré delante de mi madre cuando le conté lo de los niños que había matado. Pensé que estaba perdiendo la cabeza. El cabo de Georgia muerto finalmente reapareció y se coló en casi todos mis sueños. Me despertaba con dolor en el pecho. Me sentí asustado y abatido. Una noche me derrumbé y llamé a Helen.

—Creo que quiero casarme contigo —recuerdo haberle dicho.

—¿Estás seguro? —la oí decir una y otra vez—. ¿Estás seguro de que quieres casarte conmigo?

—Sí —dije—. Te amo, nena, y quiero casarme contigo.

Lo siguiente que supe de ella fue que estaba cruzando el país con dos niños gritones para conocer a mi familia.

Fui a buscarla al aeropuerto. Llevaba medias rojas y recuerdo que se había cortado el pelo. Me gustaba mucho con el pelo largo, pero cuando fui al aeropuerto llevaba el pelo corto y los niños también me parecía que estaban horribles. No sabía cómo decirle lo del pelo.

Recuerdo que ese día ella quería ir a la iglesia a rezar un poco por esto y aquello. La llevé hasta allí pero no quise entrar. Me quedé en el coche y puse la radio. Sonaba una canción llamada *Bye-Bye Miss American Pie* y recuerdo que al escucharla me sentí muy triste, muy deprimido, tenía ganas de llorar, o de matar a alguien.

Ella volvió al coche y recorrimos todo el barrio. Iba parándome y presentándola a la gente que conocía.

—Helen y yo nos vamos a casar —les decía.

Incluso se la presenté a Castiglia, que estaba de visita en casa de sus padres ese fin de semana; y allí lo dejé, y me alejé en la silla de ruedas después de decirle que me iba a casar con ella.

Para cuando dejamos Massapequa andábamos peleándonos por todo y todo el tiempo, y yo empezaba a cansarme del asunto. Ella siempre me hablaba de volver a la iglesia, conocer parejas casadas y construir una familia sólida de cara al futuro. Ni siquiera habíamos tenido muchas ocasiones de dormir juntos. Tuve que quedarme en el sofá del porche y ella dormía en la habitación de Sue con los niños. Mi madre y mi padre nunca quisieron que un hombre y una mujer que no estuvieran casados durmiesen juntos, incluso si la mujer estaba divorciada y tenía dos hijos.

Intentamos vivir juntos un tiempo al regresar a California, primero en mi casa y luego en la de ella. No sé por qué lo hice ni por qué le pedí que se casara conmigo, pero en aquel entonces parecía muy importante tener a alguien como Helen a quien aferrarme. Incluso fui al hospital militar de Long Beach y consulté con un consejero matrimonial para hombres paralíticos. El consejero y yo nos sentábamos mucho al sol, dábamos de comer a los pájaros y debatíamos, pero no funcionó. Cada vez que regresaba a casa después de las sesiones vomitaba y, al final, ya ni siquiera podía dormir cerca de Helen. Comprendí que tenía que estar solo durante una temporada. Encontré una pequeña casa en Hurricane Street, en Santa Mónica, y me mudé allí.

Los primeros días después de mudarme a Hurricane Street fueron tranquilos. Quería alejarme no solo de Helen sino también de todo lo que me recordara a la guerra. Me propuse cultivar y cocinar lo que iba a comer. Había fantaseado mucho con aquello. Incluso me planteé escribir un libro. Compré un viejo escritorio con tapa enrollable y pasé una tarde con un par de amigos yendo a recogerlo y luego transportarlo hasta la casa.

Era una hermosa casita a una manzana del océano; mejor dicho, una pequeña y agradable cabaña escondida en un callejón. Las ventanas tenían listones de madera contra los huracanes, lo que le daba al lugar la apariencia de estar siempre preparado para un huracán o una gran tormenta. Había una ducha adaptada para que pudiera poner cómodamente la silla de ruedas y me encantaba estar tan cerca del océano. Una tarde salí y compré una cama de agua grande, la primera que tuve.

No hablaba mucho con los vecinos, excepto cuando sacaba la basura o algo así. Solía sentarme junto a la ventana y mirar a un perro que siempre estaba en el techo de la casa de enfrente. Después de los primeros días dejé de cocinar y empecé a comer fuera, en los puestos de hamburguesas Jack-in-the-Box.

La comida era pésima, pero era mejor ir en coche que estar encerrado solo en casa todo el tiempo.

A veces tenía terribles pesadillas, siempre sobre la guerra. Me despertaba asustado en la habitación en mitad de la noche. No tenía a nadie a quien agarrarme, estaba solo, con el cuerpo paralizado. Recuerdo ver crecer las flores a través de la ventana y sentirme bien cuando las hormigas entraban en casa. Bueno, al menos tengo algo de compañía, pensaba.

Un día escribí un poema en el escritorio de tapa enrollable. Lo titulé «Huracanes/en el ojo del huracán». Escribí sobre la soledad y el silencio de mi casa, sobre cómo el estar allí era casi una pausa repentina en medio de una tormenta salvaje. Muchas veces no podía soportarlo. Me subía al coche y conducía lo más lejos y rápido que podía. Pero después aprendí a estar solo.

El tiempo pasaba y dejaba atrás la guerra muy rápido. Ya no estaba en el hospital y no sonreían junto a su cama y los sacerdotes no venían a verlo y no se manifestaba ni hablaba contra los hombres que habían hecho posibles todas las cosas terribles que le sucedieron. Ya no le vitoreaban ni le aplaudían, ni siquiera lo esposaban. No estaba en la cárcel. En la cárcel, por lo menos, sabía que había otras personas con quienes hablar, pero ahora no había nadie y todos los vítores y todos los aplausos habían cesado y ahora estaba más solo que nunca en la vida.

¿Qué clase de existencia miserable era esa, sin amigos, sin piernas, con gente que se le quedaba mirando por dondequiera que fuese? La depresión a veces era terrible, como si se ahogara en ella, y no importaba cuántas veces lo intentara, nunca lograba salir. Había intentado aguantar con todas sus fuerzas durante años. A veces incluso había inventado cosas que no eran ciertas, se había obligado a creerlas para hacer que algunos pensamientos desaparecieran. Pero ahora ya no inventaba, estaba demasiado cansado para hacerlo, tenía demasiada pena. Pensaba en dónde estaban las piernas con las que antes echaba a correr.

Quería gente a su alrededor. Quería que alguien lo llamara por teléfono. Solo quería un amigo con quien pudiera hablar sobre las cosas reales, las dolorosas verdades, de la miserable existencia que hacía que la mayoría de la gente se alejara de él. «Lo siento, tengo que irme ya. Llego tarde». Siempre había gente capaz de reír y bromear acerca de todo, pero no eran ellos los que soportaban ese cadáver rabioso y paralizado, no tenían que despertarse cada mañana y sentir el peso muerto de las piernas y la orina amarilla en la terrible bolsa, no tenían que ponerse guantes de goma todas las mañanas sobre la taza del baño y excavarse el culo para limpiar los trozos de mierda. Vivían vidas muy fáciles, sus vidas eran asquerosamente fáciles comparadas con la suya y a veces actuaban como si todos fueran iguales y él fuera como ellos, pero sabía que mentían y especialmente las mujeres cuando se acostaban con él y le decían cuánto amaban su cuerpo, que no era diferente al de cualquier otro hombre, que no les importaba que su pene estuviera muerto y no pudiera volver a sentir la calidez de una mujer. Tenía un cuerpo medio cadáver y nadie podía negárselo. Podían usar elegantes palabras científicas como hacían en el hospital, pero él sabía a quién habían devuelto a casa con todos sus nuevos helicópteros y sus nuevas y maravillosas formas de matar gente, todos esos increíbles avances de la tecnología. Nunca habría regresado de otra guerra. Pero aquí estaba. Estaba de vuelta, muerto, aunque respirara. Oh, mamá, oh, papá, alguien, Jesús, que alguien por favor me ayude. No había nadie que lo amara, nadie que lo acariciara como lo habían acariciado antes de la guerra. Era apenas una sombra, era un punto diminuto, y tenía que hacer algo rápido porque veía que se hacía cada vez más pequeño. Tenía que vivir de nuevo, sentir de nuevo.

Había nacido el 4 de julio, había sido Yankee Doodle Dandy, el perfecto joven estadounidense. Les había ofrecido casi todo su ser durante la guerra y ahora, después de todo eso, no estaban satisfechos con que hubiera perdido tres cuartas partes, querían quedarse con lo que quedaba de él. Era una locura, pero sabía que eso era lo que querían. Querían su cabeza y su mente, las piernas paralíticas y la silla de ruedas, lo querían todo. Todo había sido un sucio engaño y ya no sabía qué pensar. Todo lo que había intentado hacer era decir la verdad sobre la guerra. Pero ahora solo quería calma, que hubiera un lugar donde no lo maldijeran, ni lo golpearan ni lo encarcelaran, donde no mintieran ni lo llamaran traidor. Para ellos nunca había sido más que una cosa, una cosa a la que ponerle un uniforme y a la que entrenar para matar, una cosa joven a la que pasar por la picadora de carne, una cosa pequeña y barata con la que hacer carne picada.

Y en algún punto del camino se había olvidado de ser respetuoso y buena persona. En algún momento, hasta eso le quitaron, y él deseaba recuperarlo con tanta desesperación que hubiera dado cualquier cosa por poder volver a ser amable con la gente, pero la gran máquina, la que le había dado un número y un fusil, también le había arrebatado eso para siempre. Lo habían dejado confundido, inseguro y lleno de odio. Querían que se escondiera como se escondía ahora. ¿Cuántos más, pensó, cuántos más como él se escondían en mil Hurricane Streets? Era un recordatorio viviente de algo terrible y espantoso. No importaba lo que le dijeran, no importaba cuánto intentaran deformar y esconder lo que pasaba, él se aferraba a lo que sabía y a las cosas terribles que había visto y hecho en nombre de ellos. Habían enterrado al cabo y a los niños que había matado, pero él seguía sentado y respiraba en una silla de ruedas, y ahora lo último que iba a hacer por ellos, si no era morir, sería desaparecer.

Sabía demasiado sobre ellos. Lo sabía, maldita sea, como nadie más lo iba a saber jamás. Eran hombres pequeños con ideas pequeñas, apostadores y estafadores que se habían jugado su vida y lo habían empujado a la guerra. Hablaban con fluidez, hombres que vestían traje, sonreían y eran educados, hombres que llevaban relojes de bolsillo y se sentaban detrás de grandes escritorios y clavaban alfileres en mapas en habitaciones que él no visitó, hombres que mantenían largas conversaciones telefónicas y volvían a casa con sus esposas e hijos. Eran como el trilero de la televisión que escondía el guisante debajo de las tres tazas moviéndolas de un lado a otro, de un lado a otro, hasta que te confundías y no sabías dónde diablos estaba. Nunca vieron sangre, tripas, cabezas y brazos. Nunca habían levantado las piernas destrozadas de los niños y visto la sangre gotear en la arena bajo sus pies. Eran ellos los pequeños puntos, los insignificantes, no él y los demás a quienes habían enviado a matar.

Tenía que salir de aquella prisión profunda y oscura. Tenía que regresar. Sabía el poder que tenía. Tal vez lo había olvidado, pero seguía allí y lo veía crecer, era cada vez más grande: el poder de hacer que la gente recordara, de hacer que estuvieran tan enfadados como él, todos los días de su vida, cada momento de su existencia. Volvería muy pronto y lo haría como en las historias de los jugadores de béisbol que leyó cuando era niño. «Recibe la pelota... Corre por el campo... ¡Kovic está completando una carrera fantástica, amigos! ¡Una remontada formidable...!».

VI

De vez en cuando, mientras conduzco el Oldsmobile por la larga y calurosa carretera de Texas, miro por el espejo retrovisor cubierto de polvo y veo el convoy que detrás de mí se estira como una serpiente gigantesca, hasta el punto de que ni siquiera puedo verlo bien, ver dónde termina. Coches y autobuses, camiones y jeeps, pintados con flores y símbolos de la paz, una extraña caravana de jóvenes que llevan medallas de guerra en chaquetas rotas y armas de plástico. Es agosto de 1972 y hemos recorrido casi dos mil millas y aún nos quedan otras mil por delante antes de llegar a Miami. Hemos compartido comida y latas de Coca-Cola. Hemos conducido como locos por el desierto y nos hemos acostado en la arena en sacos de dormir. Hemos jugado y reído alrededor de las fogatas. Es nuestra última patrulla juntos y sé que la recordaré mientras viva. Es un evento histórico, como la marcha de los veteranos hacia el Capitolio por los bonos del ejército en los años treinta. Y ahora somos nosotros los que desfilamos, los chicos de los años cincuenta. Vamos a la Convención Nacional Republicana para pedir por Estados Unidos y un poco por nosotros mismos. Es tiempo de guerra y volvemos a ser soldados, más unidos que nunca, una generación perdida compuesta por niños fumadores de droga con desgastadas botas de campaña que vienen de todo el país para decirle a Nixon un par de cosas. Sabemos que esta vez estamos luchando contra los verdaderos enemigos, aquellos que han sacado provecho de nuestras vidas. Hemos pasado la noche juntos bajo la lluvia, preparamos el asalto. Hemos quemado hormigueros con queroseno y acechado por Sally's Woods con ametralladoras de plástico, disparando a la gente desde los árboles. Somos una generación de violencia y locura, de indios muertos y vaqueros borrachos, de cañones de hierro llenos de cerillas.

Cae un aguacero tremendo en las afueras de Houston y casi arranca los limpiaparabrisas del coche. Después de la lluvia aparece uno de los arcoíris más hermosos que jamás haya visto, y luego aparece un segundo arcoíris, un magnífico arcoíris doble encima de nuestras cabezas. Estoy seguro de que quiero vivir. Sé que no importa lo que haya pasado, el mundo es un lugar hermoso y yo estoy aquí con mis hermanos.

Conducimos hacia Luisiana a través de pequeños pueblos, pasamos delante de niños que saludan, cerca de sonrientes empleados de gasolineras que hacen el signo de la paz y rostros que nos miran con curiosidad desde las ventanas, no enfadados, sino curiosos y amigables, sorprendentemente amigables, gente trabajadora que quiere que la guerra se acabe, la guerra de la gloria de John Wayne. Pero en Luisiana paso miedo. Como muchos otros, me parece que el KKK está por todos lados y alguien dice que no hay diferencia entre el Klan y la policía, que son la misma cosa.

Probablemente odiaba a los negros, el cabo de Georgia. En todo el sur, estos caminos, los recuerdos hablan.

Probablemente odiaba a los negros. Ánimo, fuerza, moverse, arrastrarse, meterse en el ataúd, en la blanda tierra de Georgia. Lo trajeron de vuelta y unos tipos lo enviaron río abajo, donde iban todos los muertos, donde recosían los cadáveres de diecinueve años llenos de metralla, donde los embalsamaban y los adecentaban para poder empaquetarlos, como carne en la tienda de delicatessen antes de ser enviada de regreso a casa, donde sus madres, sus hermanas, sus padres y sus esposas podían rezar y hablar sobre cómo era todo cuando estaban vivos. Probablemente ella recordaría mejor que la mayoría lo que era tomarle de la mano, caminar con él, besarle los suaves labios que ahora estaban fríos y muertos, hundidos dos metros en el barro de Georgia. Nada se lo devolverá, no hay nada en el mundo que se lo pueda devolver. El cabo está muerto y está muerto por mi culpa. Oh, Dios, oh, Jesús, quiero llorar, quiero gritar, quiero que vuelva a estar vivo, quiero que vuelva a estar vivo. Quiero que vuelva a estar vivo oh dios oh Jesús oh dios oh dios oh dios ayúdame, haz que sienta, tráelo de regreso, tráelo de regreso y que llore y hable, respire y ría de nuevo. ¿Quién quién quién quién quién es? Ahora está bajo tierra, enterrado. Intenta no pensar en eso, en el pensamiento, en pensarlo muerto. Maldito, maldito, maldito fanático sureño. Así se hablaba siempre en el campo de entrenamiento. Sí, sí lo recuerdo. Quiero ir a la escuela y sentarme en la cerca donde está mi mamá y el radiador, con Richie y yo bateando, jugando al stickball y al béisbol, r r r r r r r r r r r recorrer las bases hasta el sótano de Castiglia. Quiero salir, quiero salir, quiero salir mamá mamá mamá mamá mamá mamá. Dale una calada al cigarrillo. Sí, gracias. No puedo moverme, no puedes ver a Richie, no puedo moverme, no más carteles, miradas sucias de los profesores, no más cálida y buena mesa de manteles a cuadros rojos… déjame salir déjame salir.

Y la Última Patrulla se adentró en el silencio y la oscuridad de Luisiana, la larga serpiente, la larga fila de contestatarios reunidos que se mueve cada vez más despacio, que sigue a los policías bajo los hermosos árboles ondulantes, la noche cálida y bochornosa, tan cálida, bochornosa y agradable que anuncia lluvia. ¡Está bien, está bien, gente! Alguien grita con un megáfono y entramos lentamente en el campamento, dando vueltas como Gabby Hayes y las caravanas, como un gran 360 en Nam. La gente se mete en los sacos de dormir entre la hierba alta, se mete dentro y se tapa, sueña con guirnaldas o que enciende bengalas rojas en la zona desmilitarizada, hacen el amor como si fuera morfina, ruedan y se abrazan como si no hubiera mañana. *¿Qué les dio el derecho a derrotarme, a la guerra, a la cicatriz, a la herida y la silla, en el camino?, ¿para quién es la vitrina de trofeos esta vez, señor presidente?*

Hay un puente para entrar en Miami y lo cruzamos como un ejército que regresa, como un ejército que vuelve a casa avanzamos juntos lentamente por el puente, tocamos las bocinas, ondeamos las banderas, gritamos al viento que sopla desde el océano. Una vez cruzado el puente recorremos la ciudad, con las luces de los coches y los camiones encendidas. Decidimos a toda prisa saltarnos los semáforos en rojo y no respetar las señales. Recuerdo asomarme por la ventana del Oldsmobile y ondear la bandera invertida, cabeza abajo, gritar y chillar a medida que nos acercábamos a Flamingo Park. Era el final del viaje y, a medida que nos acercábamos al parque, se nos unían cientos y cientos de simpatizantes que gritaban, vitoreaban y aplaudían la llegada de los veteranos. La gente bailaba en las calles, tocaba flautas, corría hacia nosotros, los *yippies* y los *zippies* nos regalaban montones de porros y los hermanos salían de los coches para abrazarse, y cantábamos y vitoreábamos como si acabáramos de ganar la guerra.

Una pareja de veteranos de Nueva York que me conocían se acercaron corriendo y me abrazaron, me dieron la bienvenida a la enorme ciudad de tiendas de campaña.

—Sí, hombre —dijo uno de los dos—, leí algo de ti en Nueva York cuando te dieron una paliza. Me alegro de verte por aquí, es bueno tenerte en la lucha.

Encontré un sitio para el colchón de espuma y para plantar la bandera estadounidense invertida. Me senté y miré el movimiento que había a mi alrededor. Por la tarde, se me acercó uno de los primeros periodistas.

—Tengo algo que decir —le comenté, y hablamos durante unas dos horas hasta que tuvo que irse. Se hizo de noche y todos nos fuimos a dormir. Los *yippies* y los *zippies* seguían con los porros y celebraban la fiesta salvaje de la marihuana, pero la Última Patrulla estaba cansada. Había sido un largo viaje por todo el país.

Era la noche del discurso de aceptación de Nixon y ahora estaba solo, en lo profundo de su territorio, completamente solo en la silla de ruedas con una chaqueta militar empapada en sudor y llena de condecoraciones de guerra. Un productor de televisión de la costa oeste a quien conocía me había colado delante de los guardias con su pase de prensa. Todavía me ardían los ojos por culpa del gas lacrimógeno. Fuera de la valla metálica que rodeaba el centro de convenciones golpeaban y arrestaban a mis amigos, los metían en los furgones. A mi alrededor había una gran multitud, gente vestida como si fuera a un banquete, hombres con caros trajes estivales y mujeres con vestidos ligeros y elegantes. De vez en cuando alguien me miraba como si fuera de otro mundo. Pero había recorrido casi cinco mil kilómetros para estar presente en la reunión con el presidente y nada iba a impedirlo.

Me abrí camino lenta y cuidadosamente hasta el enorme salón, avanzando por uno de los pasillos laterales.

—Disculpen, disculpen —les decía a los delegados mientras me abría paso por la sala de camino hacia la tribuna de oradores.

Había completado la mitad del recorrido cuando uno de los agentes de seguridad de la convención me detuvo.

—¿Adónde va? —dijo.

Agarró la silla por el respaldo. Fingí que no lo había oído y seguí girando las ruedas, pero me sujetaba demasiado fuerte y ahora otros dos hombres de la seguridad le echaban una mano.

—¿Qué pasa? —les dije—. ¿No puede sentarse en primera fila un veterano paralítico que luchó por su país?

Los tres hombres se miraron por un momento y uno de ellos dijo:

—Me temo que no. No se le permite estar delante con los delegados.

Había llegado tan lejos de puro farol y ahora me decían que no podía continuar.

—Hijo, vas a tener que ponerte en la parte de atrás del salón. Vamos —dijo el guardia que sujetaba la silla.

En un movimiento de desesperación, me giré para enfrentarme a los tres, gritando tan fuerte como pude para que Walter Cronkite y el equipo de la CBS, que estaba allí mismo, pudieran oírme y tal vez incluso enfocar las cámaras para las noticias de las seis.

—¡Soy un veterano de Vietnam, he luchado en la guerra! ¿Luchaste tú en la guerra, eh?

Uno de los guardias miró hacia otro lado.

—Sí, eso me parecía —dije—; apuesto a que ninguno de vosotros fue a la guerra, y encima pretendéis expulsarme de la convención. Tengo tanto derecho a estar aquí delante como cualquiera de estos delegados. Luché por tener ese derecho, nací el 4 de julio.

Me estaba desgañitando, entonces se acercó otro agente. Creo que era el que estaba al mando en el salón. Me dijo que podía quedarme donde estaba si cerraba la boca y no pasaba de allí. Trato hecho. Puse los frenos y busqué a otros veteranos entre la multitud. Hasta donde sabía, yo era el único que había logrado entrar.

La gente había empezado a sentarse a mi alrededor. Todos lucían insignias con el lema «CUATRO AÑOS MÁS» y me sorprendió la cantidad de jóvenes que había. Empecé a hablar con ellos, contándoles cosas de la Última Patrulla y por qué los veteranos de Estados Unidos se habían tomado la molestia de viajar miles de kilómetros hasta la Convención Nacional Republicana.

—¡Soy un veterano paralítico! —grité—. Serví dos veces en Vietnam y durante la segunda, en la zona desmilitarizada, me dispararon y quedé paralizado del pecho para abajo.

Les dije que iba a estar así toda la vida. Luego empecé a hablar de los hospitales: de que trataban a los veteranos como animales; de cómo yo, muchas noches en el Bronx, me había pasado horas acostado en mi propia mierda esperando a que viniera alguien.

—Y no vienen —dije—, no vienen porque el hombre que va a aceptar la nominación esta noche nos ha estado mintiendo a todos y ha gastado en la guerra el dinero que debería gastarse en curar y ayudar a los heridos. Esa es la mayor mentira e hipocresía de todas: que tuvimos que ir allí y luchar y quedar lisiados y volver a casa y vivir con un Gobierno y unos líderes a quienes no les importa en absoluto la gente que enviaron a luchar.

No dejé de vociferar, buscando algún tipo de reacción de la multitud. Nadie parecía querer siquiera mirarme.

—Qué, ¿es demasiado real? ¿Esta silla de ruedas es demasiado para ti? ¡El hombre que va aceptar la nominación esta noche es un mentiroso!

Grité una y otra vez, hasta que finalmente uno de los hombres de seguridad regresó y me dijo que me callara o tendrían que llevarme al fondo de la sala.

Le dije que si intentaban moverme o tocar la silla habría hostias y una movida muy gorda allí mismo, delante de Walter Cronkite y las cadenas de televisión de ámbito nacional. Le dije que si quería pelear conmigo y patearme en el suelo del salón de convenciones ante las cámaras, podía hacerlo.

Entretanto, un par de periodistas, incluido Roger Mudd, de la CBS, se habían abierto paso a través de los agentes de seguridad y comenzaron a hacerme preguntas.

—¿Por qué está aquí esta noche? —me preguntó Roger Mudd—. ¡Pero, eso sí, no empiece a hablar hasta que venga el cámara! —gritó.

Era demasiado bueno para ser real. En unos segundos, Roger Mudd y yo estaríamos en directo y lo vería todo el país. Iba a hacer aquello para lo que había venido: mostrarle a la nación de qué iba la guerra. La cámara empezó a grabar y comencé a explicar por qué estábamos allí, yo y muchos más; que la guerra era algo terrible, que tenía que terminar de inmediato.

—Soy un veterano de Vietnam. Lo di todo por Estados Unidos y los líderes de este Gobierno nos arrojaron a mí y a los demás a pudrirnos en su programa de hospitales para veteranos. Lo que está sucediendo en Vietnam es un crimen contra la humanidad, y solo quiero que el pueblo estadounidense sepa que hemos recorrido el país, que hemos dormido en el suelo y bajo la lluvia, para que ese mismo pueblo estadounidense vea con sus propios ojos a los hombres que libraron su guerra y que han decidido oponerse a ella. Si no crees a un veterano que luchó en la guerra y volvió herido de ella, ¿a quién crees entonces?

—Gracias —dijo Roger Mudd, visiblemente emocionado por lo que yo acababa de decir—. Aquí Roger Mudd desde el salón de la convención con Ron Kovic, un veterano discapacitado que protesta contra la política del presidente Nixon en Vietnam.

Los agentes de seguridad intentaban impedir desesperadamente que se acercaran más cámaras y más tarde supe que el secretario de prensa, Ronald Ziegler, casi se volvió loco al enterarse de que Mudd me había entrevistado y que se había retransmitido a nivel nacional durante casi dos minutos.

Otros veteranos habían logrado entrar al salón. Uno de ellos vino a decirme que mi viejo amigo Bobby Muller y Bill Wieman, un doble amputado, habían conseguido pases del congresista McCloskey y estaban en el pasillo central a casi sesenta metros de distancia del estrado.

—Llévame allí, rápido —dije.

Me dio la vuelta y me llevó hacia atrás, pasando junto a los sonrientes oficiales de seguridad que debieron de pensar que me iba. «¿Por qué sonreís? —pensé—, esto solo ha sido el calentamiento».

—Allá, allá arriba —dijo el veterano, señalando el pasillo donde Bobby y Bill estaban en sus sillas de ruedas.

—¿Dónde estabas? —me dijo Wieman mientras les estrechaba la mano.

—Allí —dije, señalando el otro pasillo—; quería llegar hasta las filas delanteras, pero este sitio es fantástico.

Nos alineamos, silla de ruedas contra silla de ruedas, frente a la plataforma donde Nixon iba a hablar. Habían traído un par de carteles con el lema «NO A LA GUERRA»; tomé uno y lo levanté.

Alguien dijo algo en el estrado y se oyó un tremendo estruendo. Se trataba del vicepresidente de Estados Unidos,

Spiro T. Agnew. Los delegados cantaban, levantaban los brazos con las manos entrelazadas, pataleaban tanto que parecía que el salón de convenciones fuera a explotar.

—¡Cuatro años más! —gritaba la gente—. ¡Cuatro años más, cuatro años más!

Agnew permaneció rígido, casi en posición de firmes, ante la gran ovación. Finalmente levantó ambas manos e hizo callar a la concurrencia para poder pronunciar el discurso. Lo interrumpían cada poco; la multitud, enloquecida, enloquecida y entusiasta, lo interrumpía cada cuatro palabras.

—¡Agnew para el 76! —gritó una mujer gorda a mi lado—, ¡Agnew para el 76!

Me subí al reposabrazos de la silla de ruedas y sostuve el cartel lo más alto que pude. Quería que todos en la sala pudieran verlo. Un hombre apareció de repente por el punto ciego, no lo vi. Antes de que pudiera darme cuenta me golpeó, agarró el cartel y lo hizo trizas allí mismo.

—¡Maldito comunista hijo de puta! —gritó.

Solo nos quedaba un cartel y decidimos conservarlo hasta que fuera el turno de Nixon. Unos segundos antes de que lo presentaran, los agentes de seguridad se nos acercaron. Debíamos de ser un espectáculo desagradable para el Partido Republicano, sentados allí a la vista de las televisiones nacionales, que estaban pendientes de nosotros.

De repente, se oyó un gran rugido en el salón, el ruido más fuerte que había oído en mi vida. Comenzó como un zumbido, luego creció en intensidad hasta que sonó como un tremendo trueno. «¡Cuatro años más, cuatro años más!», rugía la multitud una y otra vez. La mujer gorda que estaba a mi lado saltaba y bailaba en el pasillo. Fue la ovación más grande que jamás haya recibido el presidente de Estados Unidos, y a él le encantó. Me agarré a la silla de ruedas para evitar que me temblaran las manos. Después de lo que pareció una eternidad, el rugido finalmente comenzó a apagarse.

Había el momento por el que había recorrido tres mil millas; era el momento, todo el dolor y la rabia, todos los sufrimientos y la muerte de la guerra y lo que nos habían hecho a mí y a una generación de estadounidenses los hombres que nos mintieron y engañaron, el hombre que ahora estaba frente a nosotros en el salón de convenciones, mientras los hombres que habían luchado por su país eran gaseados y golpeados en la calle, a las puertas de la convención.

Pensé en Bobby, que estaba sentado a mi lado, y en los meses que habíamos pasado en el hospital del Bronx. Todo aquello se me apareció de golpe, todos esos años, toda esa destrucción, todo ese dolor.

El presidente Nixon comenzó a hablar y los tres respiramos profundamente y gritamos a todo pulmón:

—¡Paren los bombardeos, detengan la guerra! ¡Paren los bombardeos, detengan la guerra! —Todo lo fuerte que pudimos, mirando directamente a Nixon.

Los agentes de seguridad inmediatamente levantaron los brazos, tratando de ocultarnos ante las cámaras y el presidente.

—¡Paren los bombardeos, paren los bombardeos! —grité.

Por un instante, Cronkite miró al suelo y luego volvió la cabeza. No lo van a retransmitir, pensé. Van a intentar escondernos como lo hicieron en los hospitales. Cientos de personas a nuestro alrededor comenzaron a aplaudir y gritar «¡Cuatro años más!», tratando de ahogar nuestra protesta. Todos parecían furiosos y nos gritaban que nos callásemos. Seguimos gritando, interrumpiendo a Nixon una y otra vez hasta que los agentes del servicio secreto agarraron nuestras sillas por detrás y comenzaron a sacarnos lo más rápido posible del salón de convenciones.

—Tranquilo —me dijo Bobby—, no te revuelvas.

Quería dar puñetazos y pelearme allí mismo, en medio del salón de convenciones, delante del presidente y de todo el país.

—¡Así es como tratan a sus mutilados de guerra! —grité.

Un tipo bajito con una gran insignia de «CUATRO AÑOS MÁS» vino hacia mí y me escupió en la cara.

—¡Traidor! —gritó mientras la policía lo apartaba de allí.

El caos triunfaba a nuestro alrededor y los hombres del servicio secreto intentaban echarnos.

—¡Serví dos veces en Vietnam! —le grité a un periodista—, entregué tres cuartas partes de mi cuerpo por Estados Unidos. ¿Y qué obtengo? ¡Que me escupan en la cara!

Seguí gritando hasta que llegamos a la entrada lateral. Los agentes nos echaron y cerraron las puertas con cadenas y candados para que los periodistas no pudieran seguirnos y entrevistarnos.

Estábamos allí los tres, abrazados, temblorosos. Lo habíamos conseguido. Había sido el momento más importante de nuestras vidas, le habíamos gritado al presidente de Estados Unidos e interrumpido su discurso de aceptación. ¿Qué más quedaba por hacer sino volver a casa?

Me recosté en la silla todavía temblando y me eché a llorar.

VII

Toda la vida había querido ser un ganador. Para él, siempre fue muy importante ganar, ser el mejor. Pensó en el instituto, en el equipo de lucha y en Lee Place y Hamilton Avenue, cuando con los otros chicos jugaba al *stickball* o al fútbol americano. Pensó en ello y recordó lo importante que era ganar, incluso en los juegos de críos.

Pero ahora todo parecía diferente, las esperanzas de ser el mejor marine, de ganar todas esas medallas ahora parecían destrozadas, se habían ido para siempre. Al igual que el hombre al que había matado de un disparo, todo eso había desaparecido y él sabía, estaba seguro, que nunca volvería. Qué fácil era todo cuando iba por el barrio con Richie o corría al Deli para comprar un paquete de cromos de béisbol Topps. Incluso haber trabajado en la tienda de ultramarinos el verano antes de ir a la guerra le parecía, ahora, algo realmente agradable. Mucho más agradable que lo que sucedía a su alrededor, las caras, los uniformes verdes hechos trizas, y a sus pies la cabeza del tipo con un enorme agujero en el cuello.

El Amtrac volvía, quería alcanzar la alambrada de espino, el campamento del batallón, y todos a su alrededor estaban en silencio. No dudaba de que todos ellos sabían lo que había sucedido, que acababa de apretar el pequeño gatillo de metal y le había atravesado el cuello con una bala.

Se sintió angustiado. Con las manos se masajeaba la pierna de arriba abajo. Estaba muy nervioso y el dedo, el que había apretado el gatillo, se movía como si rascase la pierna.

Más tarde, cuando regresaron al campamento, le pasó un informe rápido a un joven teniente en el búnker del mayor.

—Nos estaban atacando —dijo él, mirando el rostro del teniente— y nosotros nos replegamos.

—Se replegaban —dijo el teniente.

—Sí, nos retiramos y disparé. Estaba vivo, pero murió poco después. Murió en la playa; pedimos ayuda. Y luego lo metimos en el Amtrac. Debió de haber echado a correr cuando empezaron a disparar. Estaba oscuro, no podría asegurarlo…

—Está bien —dijo el teniente de aspecto joven—. Vuelva por la mañana y lo repasaremos nuevamente. Una lástima… —dijo.

—Sí —confirmó él.

Estaba a punto de llorar cuando se dio la vuelta y salió del búnker del mando. Afuera había arena por todas partes y soplaba el viento frío del monzón. Miró la oscuridad y oyó las olas del mar de China rompiendo suavemente a lo lejos.

Había un camino hecho con la madera de las cajas de municiones que conducía de regreso a su tienda. Lo recorrió como si anduviera por una cuerda floja, estaba muy oscuro y apenas se veía. Un par de veces tropezó con las cajas. Cuando abrió la puerta de la tienda reinaba el silencio, una calma y una oscuridad igual a la que había fuera del búnker del mayor. Entró con el fusil en una mano y el estuche del mapa en la otra. Todos dormían, todos acurrucados en los catres, protegidos por las mosquiteras. Caminó hasta su litera y se sentó con la cabeza entre las manos, hundido. El pánico todavía le recorría el cuerpo como un tren salvaje, el corazón aún le latía fuerte en el pecho mientras veía una y otra vez al chaval de Georgia correr hacia él, y cómo le disparó y lo mató.

Lo he matado, se repetía una y otra vez.

Está muerto, se dijo.

Agarrando el fusil, sujetando el gatillo, lo repasó todo una y otra vez, dando golpecitos, tocando ligeramente el gatillo cada vez que veía al cabo de Georgia corriendo hacia él tal como lo había hecho en la playa, cuando todo era un caos aterrador. El corazón se le aceleraba cuando pensaba en la ráfaga que salía del rifle y una figura oscura que se desplomaba en la arena delante de él.

—Está muerto, ¡ve a rescatarlo! —gritaba alguien a su derecha—. ¡Tráelo de vuelta, le han dado! —Alguien corría, corría hacia el cuerpo y lo arrastraba hacia nosotros. Lo metían en la trinchera donde todos se escondían asustados y temblorosos.

—Doc... ¿Doc? ¿Dónde está el médico? —gritaba alguien.

—¡Doctor, date prisa!

Entonces alguien lo dijo. Alguien gritó muy fuerte.

—Es el cabo, se han cargado al cabo.

—Está muerto —dijo alguien—, lo hemos perdido.

Lentamente, giró el fusil y se apuntó a la cabeza. Oh, Jesús, Dios todopoderoso, pensó. *¿Por qué?* ¿Por qué? ¿Por qué? Al principio empezó a llorar lentamente. *¿Por qué?* Me suicido, pensó. Voy a apretar el gatillo. Se estaba volviendo loco. Quiso apretar el gatillo y, un instante después, sintió el extraño poder que siente un hombre que acaba de matar a otro.

Dejó el arma al lado del catre y se metió dentro aún vestido. Lo he matado yo, siguió pensando, y cuando me despierte mañana, pensó, cuando me despierte mañana nada de eso habrá cambiado. Quería escapar y esconderse. Se sentía como si estuviera de nuevo en el campo de entrenamiento y no hubiera escapatoria, como si no hubiera forma de salir de la isla. Al día siguiente iba a despertarse al lado de los demás. Iba a lavarse fuera de la tienda con el platillo de hojalata, se afeitaría, iría a comer. Pero no todo estaría en orden, pensó, nada iría bien, en absoluto. Todo empezaba a ser muy diferente, muy diferente de como pensó algún día que iba a ser.

Abrió los ojos lentamente mientras la luz entraba en la tienda como a través de un triángulo brillante. Empezaban a moverse, los hombres empezaban a ponerse en marcha. Y entonces volvió a recordar lo que había sucedido. No había matado a un comunista, pensó, no había matado a ningún comunista. El pánico le recorrió el cuerpo. En algún momento de locura, la noche anterior apretó el gatillo y mató a uno de los suyos.

Intentó repasar todo a cámara lenta. Tenía que pensar en ello como se piensa en un accidente. Disparaban todos, había mucho ruido y mucha confusión. Y tal vez, se esforzó mucho en pensar, tal vez no mató al cabo, tal vez lo hizo otra persona. ¿No empezaron todos a disparar después de que él disparara? ¿No empezaron todos a gritar y disparar después de que él lo hiciera? Sí, pensó, eso fue exactamente lo que pasó. Disparaban todos, pensó, no fui el único. Podría haber sido cualquiera de ellos. Cualquiera de ellos podría haberle atravesado el cuello con una bala. Quizás lo mataron los comunistas. Tal vez. Pero era terriblemente difícil de creer, era incluso más difícil de creer que lo hubieran hecho los otros hombres que disparaban. Algo había salido mal, algo fuera de su control había pasado y no quería pensar en ello. Empezaba a cansarse de darle vueltas en su cabeza, una y otra vez. Estaba realmente cansado de todo aquel asunto. Todo fue demasiado rápido, demasiado duro. Era todo demasiado doloroso. No estaba bien. No era justo. Quería olvidarlo, pero no podía dejar de pensar.

Regresó al gran búnker hecho con sacos de arena para hablar con el mayor.

—Fue una noche bastante dura, sargento —dijo el mayor levantando la vista de los mapas de plástico verde que tenía en el escritorio.

—Sí, señor —dijo él—, bastante dura.

—Liquidaron a muchos de esos, ¿no? —dijo el mayor, con media sonrisa.

—Sí, lo hicimos. Quiero decir, simplemente aparecieron por todos lados y empezó el tiroteo.

El mayor volvió a mirar los mapas y frunció levemente el ceño.

—¿Qué pasó? —le preguntó—. ¿Qué pasó allí?

—Bueno, mayor, como le dije, nos acercábamos al pueblo y acabábamos de pillar a la mujer.

—¿La mujer? —dijo el mayor.

—Sí, acabábamos de pillar a la mujer embarazada.

—¿Estaba embarazada?

—Bueno, sí, señor, pero no nos enteramos hasta más tarde. Ni siquiera creímos que fuera una mujer. No tenía pecho, era plana como un tablón y le atamos las manos a la espalda. Y había un niño con ella, tal vez su hijo. También le atamos las manos.

—¿Y luego? —dijo el mayor.

—Y luego —contestó— los llevamos a la cima de una gran duna de arena que había a unos cientos de metros del pueblo.

—¿Les vio alguien?

—Sí —respondió, y empezaba a tranquilizarse—, creo que un par de personas en el pueblo. Iban a buscar agua o algo así. Nos vieron y uno de ellos echó a correr de regreso al pueblo. Los demás simplemente hicieron como que no nos habían visto. Sabía que nos habían visto, pero fingieron y siguieron caminando de regreso al pueblo. Establecimos un cordón de seguridad en la cima de la colina. Lo hicimos para poder observar a nuestro alrededor y ver si alguien salía del pueblo a buscar a la mujer.

—¿A qué hora fue esto? —preguntó el mayor.

—Bueno… —miró atentamente el reloj—, creo que eran alrededor de las cuatro. Empezaba a oscurecer y les dije a los hombres que comieran. Luego oscureció, había algunas luces en el pueblo, y luego empezaron los disparos por la izquierda. Estaban a unos cien metros de la duna de arena y corrí hacia la mujer y el niño. Ahora sabía que era mujer y estaba embarazada. Entonces, los hombres empezaron a correr hacia el mar, a alejarse de la duna. Algunos de ellos estaban muy asustados. Les grité que no se retiraran, pero se dispersaron. Entonces corrieron en fila india hacia una trinchera cerca del mar. La mayoría se escondió allí.

—¿La mayoría? —dijo el mayor.

—Sí —respondió—, se metieron todos en la trinchera excepto uno.

—¿Quién?

—El cabo, fue el último en replegarse. Y entonces sucedió —dijo.

—¿Sucedió qué? —preguntó el mayor.

—Que entonces cayó el cabo.

El sargento calvo que hacía de asistente para el mayor entró justo cuando le contaba aquello a lo que le había estado dando vueltas toda la noche.

—¿Qué pasó? —dijo el mayor.

El sargento calvo dejó unos papeles en el escritorio del mayor y se fue.

—Hubo un gran tiroteo —dijo con cautela—, todo el mundo disparaba, fue un tiroteo de los chungos. —Hizo una pausa—. Fue terrible, muy jodido, y entonces cayó el cabo. Recibió un balazo, cayó frente a nosotros y un par de hombres corrieron a buscarlo. Lo metieron en la trinchera. Creo que los otros seguían disparando. El médico hizo lo que pudo, el cabo recibió un disparo en el cuello.... El médico hizo lo que pudo...

Ahora le resultaba muy difícil hablar.

—Mayor —dijo—, creo que pude ser yo... Creo que pude haber matado al cabo.

—No creo —dijo rápidamente el mayor.

—Había mucha confusión. Era difícil saber qué estaba pasando.

—Sí, lo sé —dijo el mayor—, a veces las cosas se complican en mitad de un combate. Estuve en otro hace un par de semanas y a veces es muy difícil saber qué está pasando.

Se quedó mirando el suelo del búnker hasta que tuvo fuerzas para decirlo de nuevo. No estaba muy seguro de que el mayor lo hubiera entendido bien la primera vez.

—Pero solo quiero que sepa, mayor, que creo que fui yo quien lo mató. Creo que pude haber sido yo.

Sí, por fin lo había dicho. Y ahora se alejaba del búnker.

Por alguna razón se sentía mucho mejor. Le había contado todo al mayor y el mayor no se lo había creído. Fue como cuando iba a confesarse de niño y el sacerdote le decía que todo estaba bien. Pasó al lado de los hombres del puesto de transmisiones. Le volvieron la cara. Deja que hablen, pensó. Era humano, ya está, había cometido un error. El cabo estaba muerto y nadie podía resucitarlo.

Aquella tarde, el capellán celebró misa en memoria del hombre al que él había matado y se sentó en la tienda con el resto de los hombres. Tenía esposa y un hijo, dijo alguien. Intentó escuchar las palabras que decía el capellán, el nombre que repetía una y otra vez. ¿Quién era este hombre al que acababa de matar? ¿Quién había sido? Quería gritar, chillar en la carpa que hacía de iglesia, allí mismo, durante la ceremonia. Oyó el nombre incluso demasiadas veces, el nombre del hombre muerto, el hombre con amigos, el hombre con esposa, el hombre al que no conocía y al que no se preocupó de conocer, el joven de Georgia que ahora estaba siendo cuidadosamente amortajado. Lo metieron en una bolsa de plástico y lo enviaron de vuelta en una caja de madera barata para enterrarlo con diecinueve años.

Aquella noche había sido presa del pánico, como todos, y mató a un hombre, pero no al enemigo, no a uno de esos a los que todos se habían entrenado para matar, no era la silueta en el campo de entrenamiento que se agujerea a quinientos metros, o los soldados alemanes con ametralladoras de plástico en Sally's Woods. Nunca se había imaginado que algo así pudiera pasar. Nunca lo había visto en las películas. Siempre estuvieron los buenos y los malos, los vaqueros y los indios. Se trataba siempre del enemigo y de los buenos, y cada cual mataba al contrario.

Regresó a la tienda una vez terminada la ceremonia y se sentó. Tenía correo, pero no podía leerlo. Alguien le había enviado un cómic del Sargento Rock. Pero ya no era divertido. Se suponía que los buenos no debían matar a los buenos.

Las siguientes semanas transcurrieron lentamente, mucho más lentamente que nunca. Cada día se arrastraba poco a poco hasta la noche, la noche suave y reconfortante, en la que podía aislarse del dolor, en la que podía olvidar aquel suceso terrible durante unas horas. Cada noche, antes de dormir, rezaba a su dios, rogando que entendiera por qué había sucedido aquello, por qué lo habían convertido en un asesino de un solo disparo. ¿Por qué él?, pensó una y otra vez. Primero suplicó a Dios, luego se enfureció y exigió. Oh, Dios, pensó, ¿por qué pasó esto, por qué? ¿Qué clase de Dios, pensó, le haría algo así? ¿Qué clase de Dios le provocaría semejantes sentimientos y pesadillas durante lo que, parecía, iba a ser el resto de sus días?

El tiempo transcurrió entre grandes intervalos de aletargamiento. Noches en las que podía dormir y olvidar, y mañanas en las que los recuerdos volvían y los hombres permanecían en las tiendas y lo miraban de forma extraña, murmuraban en la fila del rancho. Se vio leyendo una pequeña Biblia de bolsillo para no tener que mirar a nadie y escribiendo largas cartas a su madre y a su padre. Escribió en su diario que quería ser sacerdote, y eso fue lo que les dijo a sus padres en la carta en la que hablaba del cabo y que finalmente se atrevió a enviar a casa. Les contaba la historia que le había explicado al mayor, la historia del tiroteo. Y todo aquel asunto de la carta adquirió un significado nuevo y hermoso. Había visto matar a un hombre y le había sucedido algo, algo muy profundo y maravilloso. De alguna forma extaordinaria, les dijo, se había convertido en algo muy diferente de lo que había sido antes. Y ahora, les dijo, quería ser sacerdote. Quería ser como el hombre que estaba en el altar y ofrece consuelo, el hombre que daba la comunión.

Terminó la carta y la envió. Ahí está, pensó, se acabó. Y ahora, en lo más profundo de su ser, sentía el dolor de la ira, aunque ahora se le hacía un poco más fácil vivir, más llevadera la vida; aunque la guerra iba un poco peor que antes, la artillería y los misiles caían cerca del campamento casi todos los días, y obligaban a los soldados a quedarse en los pequeños búnkeres que habían construido. El mayor seguía sentado detrás del escritorio en el gran búnker del batallón, protegido con sacos de arena, y cada vez que se lo cruzaba, el mayor le devolvía el saludo con una sonrisa de confianza en el rostro. Veía al mayor como a un amigo. Lo había comprendido todo. Le dijo que quizá no había sucedido así, que las cosas se torcieron, y el mayor había dicho que sabía lo que era eso, que él también había estado bajo fuego intenso y lo sabía bien.

Sabía que el mayor lo entendía todo, al igual que los hombres que murmuraban en la fila del rancho y los hombres que hablaban en las tiendas. Nadie quiere recordarlo, pensó, nadie quiere hablar de ello. ¿Quién iba a acercarse a él y preguntarle si lo había hecho, si aquella noche había matado al cabo? Nadie. Nadie lo hará jamás, pensó.

Una noche, poco después de haber matado al cabo, caminaba por el sendero de madera que serpenteaba como una acera entre las tiendas de campaña, más allá de los búnkeres. Caminaba de puntillas sobre las tablas y abrió lo que creyó ser su tienda. Había visto luz en la abertura de la parte inferior y al entrar descubrió que acababa de entrar en la tienda del comandante del batallón. Estaba muy oscuro, tan oscuro que cualquiera podría perderse en ese lugar, pensó. Como aquella maldita patrulla que comandó hacía unos meses, cuando leyó mal el mapa, cuando condujo a los hombres en la dirección equivocada. Se alejó mil metros. Estaba a un kilómetro de donde se suponía que debía estar y ahora lo estaba haciendo de nuevo. Se acercaba al maldito comandante del batallón que estaba en pijama y se preparaba para ir a dormir, parecía.

—¿Sí?, ¿qué quiere, sargento? —oyó que le decía el comandante.

—Uy, nada —respondió—. Me equivoqué, señor. Pensé que esta era mi tienda.

El comandante del batallón lo miró un instante, lo miró como si hubiera hecho una estupidez.

—De acuerdo, prosiga —dijo.

Fue su amigo el mayor quien le dio una segunda oportunidad. Un día lo llamó al búnker de mando y le dijo que quería que liderase su nuevo escuadrón de reconocimiento. El mayor, comprensivo, le dijo que le gustaba cómo operaba y que sabía que el sargento podía hacer un buen trabajo.

Era su oportunidad, pensó, de hacer que todo volviera a estar en su sitio. El joven y valiente marine tenía una segunda oportunidad de convertirse en héroe. Sabía, comprendía lo que el mayor estaba haciendo por él y salió de la tienda sintiéndose mucho más fuerte y mejor de como se había sentido en mucho tiempo. Esta era su oportunidad, pensó una y otra vez.

Caminó por la sinuosa acera hecha con cajas de municiones y saludó a uno de los oficiales con la misma formal elegancia de siempre, demasiado formal para cualquiera que hubiera estado allí tanto tiempo como él. Los recuerdos de la noche en que había matado al cabo se desvanecían a medida que comenzaba a pensar más y más en el escuadrón de reconocimiento, en cómo los entrenaría y en las cosas que haría para compensar todo lo que había sucedido en el pasado.

Aquella noche escribió en su diario lo orgulloso que estaba de haber sido nombrado líder del escuadrón de reconocimiento, de estar sirviendo a Estados Unidos en una hora tan crítica, tal como había dicho el presidente Kennedy. Podría morir, escribió, pero también lo habían hecho muchos estadounidenses que habían luchado por la democracia. Era muy importante estar en el frente, arriesgar la vida, salir a patrullar y dormir bajo la lluvia, y hacerlo por Sparky el barbero, por Dios y por todos los demás. Estaba orgulloso. Estaba muy orgulloso de lo que estaba haciendo. En eso, pensó, consiste servir a tu país.

La noche de la emboscada salió a patrullar exactamente a las ocho en punto, metió balas en la recámara del arma antes de salir de la tienda y adentrarse en la oscuridad y la lluvia. Como de costumbre, había hecho que los hombres del escuadrón se vistieran de camuflaje, se había asegurado de que todos se hubieran pintado la cara y atado hojas y ramas en los brazos y en las piernas.

Uno a uno, los exploradores pasaron lentamente a través de la espesa alambrada de espino y caminaron por la orilla del río en dirección al cementerio donde iban a hacer la emboscada. Iban hacia el norte, como estaba planeado; una línea de sombras bajo la lluvia. A veces dejaba de llover y se dispersaban un poco más, pero se mantenían unidos, como si tuvieran miedo de perderse.

Había un arrozal al borde del cementerio. Nadie abrió la boca mientras caminaban y le pareció oír las voces del pueblo. Podía oler el familiar humo de los hogares en las cabañas, y sabía que quienes habían salido a pescar ya estaban de regreso. Era la gente a la que veía todas las mañanas moverse silenciosamente en pequeñas embarcaciones hacia la desembocadura del río, hacia el mar. Algunos de los ancianos le recordaban a su padre, que iba a trabajar por la mañana y regresaba a casa por la noche para sentarse junto al fuego con sus hijos y cenar pescado. Quizá a veces hablen de nosotros, pensó. Se preguntaba a menudo qué pensaban de él, de los soldados.

Recordó lo difícil que le resultó, la primera vez que vino a Vietnam, distinguir a los aldeanos del enemigo, y a veces le parecía más fácil odiarlos a todos, pero siempre había intentado con todas sus fuerzas no hacerlo. Deseaba poder estar seguro de que entendían que él y los demás estaban allí porque trataban de ayudarlos a todos a salvar a su país de los comunistas.

Marchaban sobre un dique del arrozal que bordeaba el cementerio. La gente de las cabañas hablaba en voz alta. Miró hacia delante, hacia donde se había parado el teniente que los acompañaba. El teniente había enviado a uno de los hombres, Molina, a través de los diques hasta las afueras del pueblo. La lluvia fría caía con fuerza y los hombres detrás de él estaban parados, como una fila de estatuas en espera de la próxima orden.

Pero algo iba mal. Pudo ver a Molina agitar los brazos rápidamente como si tratara de decirle algo al teniente. Saltando los diques, casi a rastras, Molina se acercó al teniente. Vio que le susurraba algo al oído. El teniente se volvió y lo miró.

—Sargento —dijo—, Molina y yo vamos a echar un vistazo más adelante. Quédese aquí con los hombres.

En equilibrio sobre el dique, se dio la vuelta lentamente después de que el teniente se fuera, y les indicó con el rifle a los hombres detrás de él que se agacharan. Todos, con cuidado, uno tras otro, se arrodillaron tras el dique, esperando bajo la lluvia para salir de nuevo. Temblaban de frío.

Esperaron lo que les pareció mucho tiempo y, entonces, el teniente y Molina aparecieron de repente en la oscuridad.

Por sus caras se dio cuenta de que habían visto algo. Estaba seguro de que habían visto algo y le iban a contar lo que acababan de ver. Se puso de pie, demasiado alterado como para quedarse de rodillas sobre el dique.

—¿Qué pasa?

—¡Silencio! —susurró bruscamente el teniente, agarrándolo del brazo, que casi lo manda al arrozal.

Empezó a hablar muy rápido y mucho más alto de lo que debiera.

—Creo que los encontramos. Creo que los encontramos —repitió casi a gritos.

No sabía a qué se refería el teniente.

—¿A quién? —le preguntó.

—¡Los zapadores, los zapadores! ¡Vamos!

El teniente asumía el mando. Parecía muy seguro de sí mismo, actuaba con mucha confianza.

—¡Vamos, maldita sea!

Le quitó el seguro al rifle y puso en marcha a sus hombres, los instó a avanzar, siguiendo al teniente y a Molina, que se acercaban a las afueras de la aldea. Corrieron por el arrozal, chapoteando como una bandada de patos. Esperaba, rezaba para que esta vez fuera el enemigo de verdad. Esta vez estaría preparado. Tenía otra oportunidad, pensó. Estaba tan emocionado que corrió hacia el teniente, hasta chocar con él.

—Lo siento, señor —dijo.

—¡Quieto! Están ahí —le susurró el teniente, indicando al resto de los hombres que se pusieran de rodillas. Se arrastraron hasta una hilera de árboles; luego, se dispusieron a lo largo del dique del arrozal, con medio metro de agua, hasta que el escuadrón, cuerpo a tierra, estuvo frente al poblado.

Vio una luz, pensó que era una hoguera, que parpadeaba a lo lejos, a la derecha del pueblo, y pequeñas figuras oscuras que se movían alrededor de la luz. No podría decir lo lejos que estaban. Era muy difícil distinguir la distancia en la oscuridad.

El teniente se le acercó.

—¡Atento! ¡Mire! —le susurró muy excitado—. Van armados. ¿Puede ver los rifles? ¿Puede verlos? —le preguntó el teniente.

Miró con mucha atención a través de la lluvia.

—¿Puede verlos?

—Sí, los veo. Los veo —dijo. Estaba seguro.

El teniente lo rodeó con el brazo y le susurró algo al oído.

—Diga a los de atrás que lancen bengalas. Quiero que el lugar esté iluminado como un jodido árbol de Navidad.

Se volvió rápidamente hacia el hombre de su derecha, le ordenó lo que había dicho el teniente. Le dijo que pasara las instrucciones hasta el final de la formación para que dispararan bengalas encima de la pequeña hoguera de la aldea.

Tumbado en el barro detrás del dique, contemplaba el fuego que aún ardía bajo la lluvia. Podía ver las siluetas que se movían de un lado a otro como pequeñas sombras chinescas. Notó que la tensión se apoderaba de los hombres. Luego, oyó el estallido de la bengala y vio una tremenda bola de luz chisporroteante que convertía la noche en día y trazaba un arco por encima de ellos hasta el pequeño fuego que ahora veía arder dentro de una cabaña.

De repente, alguien disparó un fusil y la formación abrió fuego, hizo rugir las armas como si se desencadenara una tormenta. Apretaban una y otra vez los gatillos sin pararse a pensar, vaciaron los cargadores en un tremendo chorro de brillantes ráfagas de color naranja que se entrecruzaban en la noche.

La bengala lanzó las últimas centellas chisporroteantes hacia el pueblo; luego, oscureció de nuevo y todo lo que pudo ver fueron las brasas anaranjadas de la hoguera, que se había apagado.

Y podía oírlos.

Alguien gritaba.

—¿Qué ha pasado? Maldita sea, ¿qué ha pasado? —gritó el teniente.

Los gritos venían del interior de la cabaña.

—¿Quién dio la orden de disparar? ¡Quiero saber quién dio la orden de disparar!

El teniente estaba ahora de pie, mirando de arriba abajo la fila de hombres que seguían cuerpo a tierra bajo la lluvia.

Vio que temblaba. Todo había pasado muy rápido.

—Será mejor que consigamos un equipo de reconocimiento —oyó decir a Molina.

—De acuerdo, de acuerdo. Sargento —le dijo el teniente—, vaya con Molina y dígame cuántos tenemos.

Se puso de pie y rápidamente eligió a cinco hombres y los guio por el dique y el agua hasta la cabaña de donde llegaban los gritos. Estaban mucho más cerca de lo que creyó. Ahora podía ver claramente las brasas del fuego que había apagado la terrible descarga de los fusiles.

Molina enfocó la linterna hacia la cabaña.

—¡Por Dios, Jesús bendito! —dijo, y se echó a llorar—. ¡Hemos disparado a un montón de críos!

Estaban tirados en el suelo de la cabaña, gritaban y se movían entre charcos de sangre, lloraban como bestias, no dejaban de gritar. Los habían alcanzado y tenían heridas en la cara, en el pecho, en las piernas, y no dejaban de gemir y de gritar.

—¡Oh, Jesús! —gritó.

Oyó que el teniente gritaba a sus espaldas, quería saber a cuántos habían matado.

Había un viejo en un rincón con la cabeza descerrajada de la mitad para arriba, los sesos colgando como gelatina. Siguió mirando aquella extraña imagen, nunca había visto algo así. Un niño pequeño que estaba al lado del anciano seguía vivo, aunque lo habían alcanzado varias veces. Sollozaba, tendido en un gran charco de sangre. El pequeño pie le había quedado destrozado por completo y parecía colgarle de un hilo.

—¿Qué pasa? ¿Qué está pasando ahí? —se impacientó el teniente.

Molina le gritó al teniente que se acercara de inmediato.

—Será mejor que venga. Hay mucha gente herida.

Oyó gemir a una niña. Tenía un agujero en las tripas y sangraba por el trasero. Todo lo que podía ver ahora era sangre por todas partes y oía los gritos con el corazón acelerado como nunca. Creyó enloquecer, sintió que lo abandonaban las fuerzas, miraba junto con el resto de los hombres a aquellos críos, como si fuera una pesadilla, como si se tratara de un sueño y no estuviera sucediendo de verdad.

Y no soportó seguir mirando, sin hacer nada. Eran civiles, pensó, niños y ancianos, personas, personas como él, y tenía que hacer algo, tenía que actuar, tenía que ayudar, hacer algo. Echó mano del botiquín verde que llevaba a la espalda, lo abrió y sacó vendas, y le gritó a Molina que por favor viniera a ayudarlo. Se arrodilló en medio de los cuerpos que gritaban y comenzó a curarlos, tratando de tapar los agujeros por donde aún salía sangre.

—Todo se arreglará. Todo va a salir bien —intentó decir, pero lloraba, lloraba y aun así trataba de curarlos a todos. Iba de un cuerpo a otro buscando a tientas en la oscuridad los agujeros que habían hecho las balas, vendando lo más rápido que podía, con las manos temblorosas manchadas de sangre.

Llovía en la cabaña y un viento frío le barría la cara mientras se movía en la oscuridad.

El teniente acababa de llegar con los demás.

—¡Ayúdeme! —le gritó—. ¡Que alguien me ayude!

—¡Maldita sea, sargento! ¿Qué pasa? ¿A cuántos hemos matado?

—¡Eran niños! —le gritó al teniente.

—¡Niños y viejos! —exclamó Molina.

—¿Dónde están las armas? —preguntó el teniente.

—No hay armas —dijo.

—Bueno, ¡socórranlos entonces! —gritó el teniente al resto de los hombres. Los hombres estaban en la entrada de la cabaña, pero no se movían—. ¡Socórranlos, socórranlos! ¡Les ordeno que los ayuden!

Los hombres no se movían, algunos lloraban, dejaban caer los fusiles y se sentaban en el suelo encharcado. Lloraban con las manos en la cara.

—Oh, Jesús, oh, Dios mío, perdónanos.

—¡Perdónanos por lo que acabamos de hacer! —oyó llorar a Molina.

—¡Levántense! —gritó el teniente—. ¿Qué se creen que es esto? ¡Les ordeno a todos que se levanten!

Algunos de los hombres comenzaron a gatear lentamente por entre los cuerpos, con las vendas que aún quedaban.

Algunos de los aldeanos se habían acercado la cabaña. Podía oírlos gritar, furiosos. Sabía que los estaban maldiciendo.

—Será mejor que haga que nos manden un maldito helicóptero —gritó alguien.

—¿Dónde está el hombre de la radio? ¡Traedme al hombre de la radio!

—¿Cactus Rojo? Aquí Luz Roja Dos. Sí, aquí Luz Roja Dos. Necesitamos una evacuación de emergencia. Tenemos muchos heridos... Sí..., fuego amigo. Hay muchos civiles heridos.

Podía oír al teniente por la radio intentando decir a los helicópteros a dónde debían dirigirse.

Los hombres seguían sentados en la cabaña, y lloraban. No podían moverse y no atendieron las órdenes del teniente. Se quedaron sentados mientras la lluvia caía sobre ellos, lloraban y no podían moverse.

—¡Soldados! ¡Presten atención, soldados! ¡Dejen de llorar como bebés y empiecen a comportarse como marines!

El teniente, que había dejado la radio, presionaba a los hombres, les pedía que hicieran algo.

—Son hombres, no críos. Fue todo un error. No fue por su culpa. Se cruzaron en nuestro camino. ¿No lo entienden? ¡Se cruzaron en nuestro puto camino!

Cuando llegó el helicóptero de evacuación médica, el sargento recogió al niño que yacía junto al anciano. Vio cómo perdía el pie y lo agarró rápidamente y lo vendó con el muñón. Lo cargó en brazos mirándolo a los ojos llenos de terror y lo llevó hasta la puerta abierta del helicóptero. El niño todavía sollozaba cuando se lo entregó al artillero.

Y cuando todo terminó y los heridos estuvieron a bordo, ayudó al teniente a formar a los hombres. En orden de marcha se alejaron de la cabaña bajo la lluvia. Y sintió que tenía el cuerpo entumecido y pesado, se sintió un ser horrible y enfermo, como la noche en que murió el cabo, mientras caminaban hacia el cementerio tras el teniente, a oscuras y bajo la lluvia.

Hacía cada vez más frío y llovía casi todos los días. A un tipo lo enviaron de regreso a casa porque había pisado una mina. Y entonces empecé a buscar minas que pisar, corrí todo tipo de riesgos; traté de olvidarme de la lluvia y del frío, y de los niños muertos y del cabo. A veces salía solo a patrullar, en busca de minas, con la esperanza de que me hirieran lo suficiente como para que mandaran a casa, pero no lo suficiente como para matarme. Era un juego brutal. Recuerdo caminar sabiendo exactamente lo que hacía, esperando que la metralla me estallara debajo de los testículos, y luego me mandaran a casa como héroe de guerra herido. Era la única manera de salir de allí. Me arriesgué más que nunca y soñaba despierto mientras paseaba por los campos minados, pensaba en la vez que vi a un tipo llamado Johnny Temple jugar en Ebbets Field o cuando el árbitro expulsó del partido a Duke Snyder y este lanzó por los aires su viejo bate.

Una mañana, el batallón acabó destrozado casi por completo por culpa de un ataque de artillería. Habíamos estado patrullando casi toda la noche, bajo la lluvia. Dormíamos cuando los primeros morteros cayeron cerca. Se oyó un silbido y luego una explosión. Nos tenían en el blanco. Corrimos para salvar el pellejo, tratando de llegar al búnker que nosotros mismos habíamos cavado. Estaba medio dormido y todavía no era muy consciente de lo que estaba pasando. Lo único que recuerdo es que tenía que llegar al búnker. Finalmente, después de lo que pareció una eternidad, nos metimos entre los sacos de arena. Nos acurrucamos como niños y oí que rezaban: «Oh, Dios, por favor, Dios, quiero vivir». La artillería seguía disparando y hubo una tremenda explosión en la tienda al lado de la nuestra. Me pregunté si habría alguien. Recé con todas mis fuerzas para que no me mataran.

Cuando acabó el bombardeo, nos miramos unos a otros, un poco avergonzados por habernos mostrado tan asustados, por rezar protegidos tras los sacos de arena. Fuera del búnker había un fuerte olor a pólvora y la gente empezaba a moverse. Agarré el maletín médico, les dije al resto de los hombres que se quedaran en el búnker y salí en busca de heridos. Lo primero que vi fue nuestra tienda hecha pedazos. Grandes trozos de metralla habían abierto enormes agujeros en el techo de chapa y habían atravesado la tienda como finas puñaladas. En tan solo unos minutos nos alcanzaron casi ciento cincuenta obuses. Caminábamos aturdidos.

En el parque de vehículos había un grupo de hombres arrodillados alrededor de alguien tirado en el suelo. Corrí hacia allí lo más rápido que pude, con las placas de identificación tintineándome en el cuello. Estaban arrodillados alrededor de un joven al que conocía bastante bien, Mac.

Miré y vi que estaba muerto. Casi le habían arrancado el cuello y había perdido el brazo derecho. Tenía cientos de agujeros plateados en la cara y el pecho, que parecían inyecciones. MacCarthy estaba muerto, desangrado en la arena, con los oscuros ojos azules abiertos al cielo. Lo había visto la mañana anterior en la fila del rancho después de patrullar.

Me sonrió y me contó que todo iba mal en el parque de vehículos. Y ahora estaba muerto. Cogí el maletín y volví al búnker, pensando que MacCarthy parecía un maniquí. *Los muertos, pensó, tenían un aspecto algo gracioso, muy ridículo.* Casi me entraron ganas de reír, y cuando llegué al búnker vi al chaval bajito de Nueva Jersey que hacía fotos de la tienda destrozada. Fotografiaba con una pequeña cámara y con el cuidado y la precisión de un tipo que hiciera fotos a los árboles en flor del jardín de su casa. Pude ver que muchos de los hombres se reían y bromeaban, reían y bromeaban sobre lo mismo. *Era como los boy scouts, como los boy scouts que se mean en el pijama cuando tienen una pesadilla.*

Otro grupo se había reunido cerca de una trinchera. Era difícil saber qué había sucedido allí, cuántos cadáveres había. Tal vez tres, completamente destrozados, un montón, un montón de brazos y piernas. Olía a pólvora y sangre mezcladas con carne quemada. Uno estaba decapitado, cortado del todo el cuello, salvo por un hilo de músculo; eso era lo único que conectaba la cabeza con el cadáver destrozado. No podíamos hacer más que recoger los restos. Parecían muy fríos y grises y alguien detrás de mí hacía fotografías. Busqué una identificación en el bolsillo de un cadáver y encontré una billetera. Era el sargento Bo, uno de mis amigos. Era el sargento de suministros y tenía esposa quién sabe dónde. Era una especie de sargento Bilko del batallón. Nunca iba de patrulla y tenía la habitación más cómoda de todas, con alfombra, escritorio y una foto de su bella esposa. Tenía cara de joven y ahora estaba en aquel agujero, destrozado en aquel agujero, apestando como los demás.

El teniente se acercó y ordenó a los hombres que colocaran los restos en una camilla. El sargento Bo era mi amigo y ahora estaba muerto. Lo iban a meter en una bolsa de plástico. Iban a hacer eso con sus restos tal y como iban a hacer con MacCarthy y como habían hecho con el cabo de Georgia a quien yo había matado hacía un mes. Junto al búnker de mando tenían a todos los muertos alineados en una fila larga y ordenada. Los desnudaron y los dejaron mirando al cielo. Bo y Mac estaban allí con otros que no había visto antes. En el ataque murieron unos once hombres.

Hubo decenas de heridos. El sargento Peters había recibido un impacto en el ojo y el cabo Swanson yacía en la tienda de mando con un gran trozo de metal todavía clavado en la cabeza. Me acerqué a él y le tomé la mano, diciéndole que todo iba a salir bien. Me dijo que enviara de inmediato una carta a su esposa en California y le contara lo que había sucedido. Le prometí que lo haría esa noche, pero no lo hice y nunca volví a saber de él.

Los hombres empezaban a relajarse un poco. Fumaban y se sentían un poco más cerca de los demás. Tal vez, pensé, ahora los hombres dejarán de hablar de mí a mis espaldas. Tal vez, con toda esa carne destrozada, la muerte del cabo de Georgia no parecería tan grave.

Él era solo un cuerpo más, pensó, como todos los demás, los que habían volado en pedazos. Por alguna extraña razón empezó a sentirse mucho mejor. Cuanto más, mejor, pensó, cuanto más se pareciera todo a lo del cabo, mejor. Tal vez, pensó, se les nublarían las ideas y olvidarían, en medio de aquella locura, que había matado al muchacho de Georgia. Tal vez entenderían el error que fue meterle la bala en el cuello al cabo. Quería llorar por todos sus amigos que habían muerto ese día, pero no podía. Ya no podía sentir demasiado.

Dejamos de salir a patrullar a principios del nuevo año. Empezamos a ducharnos todas las mañanas e incluso volvimos a comer tres veces al día. Parecía el momento perfecto para arreglar la tienda. Michaelson trajo una lata de aceite oscuro y la aplicamos sobre el suelo de madera. Trabajamos aún más el búnker.

Una mañana vinieron con noticias de un gran combate un poco más al norte y comenzamos a inquietarnos, a ponernos nerviosos. Había muerto un teniente del batallón. Me arrodillé a su lado junto con el capellán cuando trajeron el cuerpo. Lo habían cubierto con un tabardo. Tenía un pequeño agujero de bala en la frente y la parte posterior de su cabeza estaba destrozada. Estaba muerto, como los demás, y por alguna razón, en ese momento, sentí que estaba a punto de suceder algo importante.

El mayor me llamó y me dijo que preparara a los hombres. Cruzaríamos el río en dirección norte. Cuando volví a la tienda, Michaelson me dijo que la próxima vez que nos viéramos sería en el cielo, que iba a morir aquel día. Teníamos todos una sensación extraña. Seguí pensando una y otra vez que me iban a disparar, que nada sería igual después de ese día.

Fuimos a comer algo y recuerdo que el mayor me gritó por no haber hecho que los soldados se pusieran los cascos. Nunca los habíamos usado y no podía entender por qué ese día el mayor quería que nos pusiéramos cascos y chalecos antibalas. Tuvimos que volver a las tiendas y ponernos todo aquello. Nos sentimos como superhombres, con todo aquel voluminoso equipo encima, cuando subimos al camión que nos llevó a la orilla sur del río. Salimos y esperamos un rato; luego, un pequeño bote nos llevó al otro lado, donde los demás se preparaban para salir hacia el norte, donde el escuadrón del teniente había sido aniquilado.

Recuerdo que luego caminé por la playa, junto al mar. Había dunas que me recordaron a las de mi tierra, y muchos pinos y arbustos. Los hombres estaban mal formados. Parecía que llevaran demasiado equipo. El cielo estaba despejado y los vietnamitas caminaban o pescaban. Excepto por el ruido de los tanques y los Amtrac que avanzaban lentamente junto a nosotros, parecía un paseo dominical con todos disfrazados. Era difícil imaginar que de un momento a otro todo aquello podía estallar y tú podrías acabar muerto como los demás. El aire olía a sal, un olor muy familiar.

Entonces, la procesión se detuvo repentinamente y nos dijeron que regresáramos. Algo pasaba en el pueblo que había en la orilla norte del río. Se estaba librando un combate importante y las Fuerzas Populares estaban cercadas y en serios aprietos. Corrí hacia el capitán que había dado la orden y le pregunté si estaba seguro de que no debíamos seguir hacia el norte. Los hombres no querían dar media vuelta, dije. ¿Fue el mayor quien dio la orden?, pregunté. El capitán dijo que intentaría obtener confirmación. Esperé con los motores del Amtrac rugiendo a un palmo de mis oídos mientras el capitán llamaba por radio a la retaguardia. Cuando dejó la radio, me dijo que el mayor había cambiado de opinión. Le tocaba al escuadrón de reconocimiento liderar el ataque.

Me subí a uno de los Amtracs para hablar con los hombres. Parecían muy tranquilos. Tenían la misma sensación que yo de que todo estaba a punto de derrumbarse, de que este paseo por la arena podría ser el último para todos.

En una especie de pirueta táctica, íbamos a marchar hacia el oeste a lo largo de la orilla del río y realizar un asalto directo a la aldea después de cruzar la duna más grande de la zona. Un grupo saldría de uno de los Amtracs y encabezaría el asalto principal, los otros dos Amtracs barrerían de norte a sur a través del cementerio y atacarían por el otro flanco. Todo parecía alocadamente sencillo. Seguí intentando ordenar mis pensamientos, traté de pensar cuánto quería demostrarme a mí mismo que era un hombre valiente, un buen marine. No importa lo que pasó, pensé, no iba a echarme atrás ahora. Tenía que ser valiente. Tenía la oportunidad de ganar una medalla, tenía la oportunidad de luchar contra el verdadero enemigo, de compensar todo lo que había sucedido.

Esto era todo, pensó, todo por lo que había rezado, el momento de la verdad.

Eran diez los que caminaban hacia el pueblo, y sintió el rosario en el bolsillo superior, y supo que la pequeña Biblia negra que les habían dado a todos en los aviones estaba en el otro bolsillo. El otro grupo se acercaba al cementerio. Aún notaba el calor que salía de los grandes motores y los hombres parecían muy pequeños a lo lejos, como soldaditos de juguete saltando de los tanques. Miró a la izquierda y los vio a todos allí, perfectamente alineados. Los había entrenado bien y todo parecía en orden. Más adelante había una gran pagoda y una enorme trinchera llena de hombres de las Fuerzas Populares.

No hubo disparos y le pidió al comandante de la unidad vietnamita que lo ayudara en el asalto. El oficial vietnamita dijo que no intervendrían y que nadie pensaba ni por asomo atacar la aldea. Estaba enfadado mientras conducía a la avanzadilla por la parte superior de la larga línea de trincheras. Son una panda de putos cobardes, pensó.

—¡Miradlos! —les gritó a sus hombres—. Están sentados a las puertas de la guerra en las trincheras, como unos bebés. ¡Vamos! —les dijo.

Y avanzaron a campo abierto hacia una explanada. Eran diez hombres armados hasta los dientes que caminaban desplegados hacia el pueblo. Era un espectáculo formidable, como en las películas.

El tiroteo comenzó en el cementerio. Se oyeron chasquidos muy fuertes y luego todo fue como si alguien hubiera lanzado una traca de fuegos artificiales. Podía oír los morteros, sonaban como címbalos cuando golpeaban en los Amtracs. El fuego de mortero y de las ametralladoras pesadas que disparaban desde el pueblo arrasó el cementerio.

Recuerdo que nos detuvimos y nos miramos por unos instantes. Entonces, de repente, las balas silbaron encima de nosotros y todo el mundo echó a correr a la desesperada. Empezamos a contraatacar con armas automáticas. Vacié un cargador entero en la pagoda y en el pueblo. Y animaba a mis hombres. Seguí diciéndoles que se mantuvieran firmes y siguieran disparando, aunque nadie sabía a qué ni a quién disparábamos. Miré al flanco izquierdo y todos los hombres se habían ido. Se habían escapado, habían huido en dirección a los árboles cerca del río, y yo les grité, los maldije para que regresaran, pero no volvió nadie. Disparé todo lo que tenía, abrí brechas en la pagoda y disparé contra la línea de árboles.

A mi derecha había alguien cuerpo a tierra que también seguía disparando.

Había empezado a caminar hacia el pueblo cuando me alcanzó la primera bala. Oí un ruido como de un petardo que me estallaba en los pies. Luego, un fuerte crujido y la pierna se me quebró por debajo de la rodilla. Me miré el pie y lo vi sangrar. La bala había entrado por delante y me había reventado casi todo el talón.

Herido. La guerra, finalmente, me había alcanzado. Sentí alivio, en el fondo. Por fin el enemigo me disparaba en combate. Iba a dejar atrás la guerra e iba a ser un héroe. Seguí disparando el fusil contra la línea de árboles y con valentía, herido, me acerqué al pueblo, los desafiaba para que volvieran a dispararme. Por un momento tuve ganas de volver corriendo a la retaguardia con la flamante herida del millón de dólares, pero decidí seguir luchando en campo abierto. Una gran oleada de energía me invadió mientras gritaba a los otros hombres que salieran de los árboles y se unieran a mí. Cojeaba y el pie me dolía tanto que finalmente me puse rodilla en tierra, sin dejar de disparar, aunque no se veía a nadie. Parecía ser el único que disparaba aún. Alguien se acercó por detrás, me quitó la bota y empezó a vendarme el pie. Todo fue increíblemente estúpido, éramos blancos fáciles, pero él me vendó el pie y luego se fue de regreso a la línea de árboles.

Durante unos segundos se hizo el silencio. Me tumbé boca abajo y esperé a que me alcanzara la siguiente bala. Es solo cuestión de tiempo, pensé. No estaba retrocediendo, no iba a regresar, estaba tirado y disparando todo lo que tenía contra la pagoda. El fusil estaba lleno de arena y se atascaba. Ahora tenía que tirar del seguro cada vez que intentaba meter una bala en la recámara. Era imposible y comencé a levantarme cuando oí un crujido junto a la oreja derecha: una bala del calibre treinta me desgarró el hombro derecho, atravesó el pulmón y me destrozó la médula espinal.

Sentí que todo, del esternón hacia abajo, había desaparecido por completo. Creí que iba a morir. Extendí la mano y comprobé que las piernas seguían en su sitio. No podía sentirlas, pero todavía estaban allí. Todavía estaba vivo. Y, por alguna razón, empecé a creer, empecé a creer que tal vez no iba a morir, que podría salir de allí y vivir, sentir y regresar a casa. Apenas podía respirar y con el único pulmón que me quedaba tomaba aire a bocanadas. La sangre manaba por el agujero del hombro y manchaba el chaleco antibalas; no sentía dolor en el pie, ni siquiera sentía el cuerpo. Estaba muerto de miedo. No pensaba en rezar, lo único que podía pensar era que me habían engañado.

Todo cuanto podía sentir era la inutilidad de morir allí, en aquel lugar, en aquel momento, por nada.

El patio trasero, ese era el mejor lugar para estar, allí fue donde hice planes para el futuro, donde pensé en viajar a África y me enrollé con chicas del instituto; era donde sucedían todas aquellas cosas maravillosas. Recuerdo el hula-hula y que todos, incluida mi madre, jugábamos, y que mi hermana, sí, mi hermana, me enseñaba los movimientos en el sótano. Recuerdo, más tarde, la cancha de baloncesto y que las chicas, jóvenes y guapas, me miraban. Y recuerdo volver a casa y saltar la cerca y cruzar el patio trasero. ¡Allí arriba! ¿Puedes verme balanceándome como Houdini? ¿Puedes verme escondido en una caja, en un submarino, en un avión? ¿Puedes ver cómo vuelo una cometa, construyo un modelo a escala, salto un arroyo?

Todo era bastante sencillo, todo había pasado y todo había desaparecido, las tormentas de nieve, las farolas que nos decían que no había clase a medianoche, el sofá, la calefacción y todos nosotros acurrucados a su lado bajo gruesas mantas, los perros, todo era maravilloso. Estar clavado en la base, estudiar el manual de los scouts, aprender a hacer nudos, jugar al ping-pong, leer National Geographic. *Mickey Mantle era mi héroe y Joan Marfe era la chica que más me gustaba. Todo lo segó un balazo y había sido maravilloso.*

Había una canción, Runaway, *que cantaba un tipo llamado Del Shannon y que tocó un sábado en el campo de béisbol. Recuerdo que era un hermoso día de primavera y en aquel entonces éramos jóvenes y estábamos vivos y el aire era fresco. Sonaba la canción y yo la vivía de verdad y recuerdo que bateaba pelotas de béisbol y creía que iba a vivir para siempre.*

Todo era bastante sencillo.

Todo había pasado y todo había desaparecido.

POSTDATA

14 de febrero de 1968

Estimados señor y señora Kovic:

Poco antes de que su hijo Ron abandonase Vietnam, muy amablemente me envió una copia de la carta en la que les informaba de las heridas sufridas y de su parálisis. Esa carta fue la más inspiradora que jamás haya recibido de cualquiera de nuestros marines en Vietnam, y recibo bastantes. Respondí a Ron e inmediatamente pensé en escribirles a ustedes para expresarles mi condolencia. Al releer la carta, sin embargo, se me ocurrió que, si bien es natural que sienta compasión por Ron y por ustedes, no es condolencia lo que quiero expresar, sino agradecimiento. Es maravilloso que nuestro país lo formen personas como ustedes, que han criado a su hijo de una forma tan admirable. La fe de Ron en Dios, su dedicación a su patria y su fortaleza de carácter reflejan perfectamente la educación que ustedes le dieron. A pesar de haber quedado parcialmente paralizado, sé que su ánimo y su fe no se detendrán y que su futura contribución para hacer de este un mundo libre y pacífico será tan valiosa, si no más, como la que tan valientemente aportó en Vietnam.

Les manifiesto mi más profundo respeto y admiración, al igual que a Ron. Es el tipo de joven del que los estadounidenses y los hombres libres de todo el mundo pueden estar orgullosos.

Atentamente,

L. W. Walt
Teniente general,
Cuerpo de Marines de Estados Unidos

AGRADECIMIENTOS

En primer lugar, quisiera dar las gracias a mi amiga y editora, Joyce Johnson, por las incontables horas —muchas de ellas robadas a su tiempo libre— que dedicó a ayudar a llevar a cabo este libro dándole la forma y la estructura necesarias. El libro no podría haberse completado sin su ayuda y sin su capacidad y talento excepcionales.

Gracias también a Roger Steffens, actor, poeta y amigo, que dedicó generosamente su tiempo, esfuerzo y energías a reescribir casi todo el manuscrito en Mendocino. Recordaré su paciencia y comprensión, su generosidad y cariño, su fe en mí y en el libro.

También me gustaría dar las gracias a Mary, a Sheila y a mi amigo Waldo, un niño de sesenta años, quienes me dieron valor con su mirada y amor con su sabiduría.

Finalmente, gracias a Connie Panzarino, mujer hermosa, fuerte y valiente, que creyó en mí y en el libro años antes de que fuera escrito. Ella estuvo a mi lado como nadie, me prestó atención noche y día, me cuidó y me amó, me comprendió y me animó, me secó las lágrimas. Ella fue como una luz que brillaba en la oscuridad de lo que parecía ser una tormenta interminable.

Índice

«E il naufragar m'è dolce in questo mare»